多元背景下的英语语言交流与实践

杨景萍 张 蕾 著

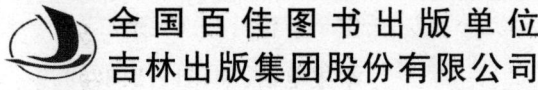

吉林出版集团股份有限公司

图书在版编目（CIP）数据

多元背景下的英语语言交流与实践 / 杨景萍，张蕾著. --长春：吉林出版集团股份有限公司，2023.1
ISBN 978-7-5731-3072-3

Ⅰ. ①多… Ⅱ. ①杨… ②张… Ⅲ. ①英语-语言学-研究 Ⅳ. ①H31

中国国家版本馆 CIP 数据核字（2023）第 040528 号

多元背景下的英语语言交流与实践
DUOYUAN BEIJING XIA DE YINGYU YUYAN JIAOLIU YU SHIJIAN

著　　　　者：	杨景萍　张　蕾
责任编辑：	沈丽娟
技术设计：	王会莲
封面设计：	豫燕川
开　　　本：	889mm×1194mm　1/16
字　　　数：	221 千字
印　　　张：	10.5
版　　　次：	2023 年 1 月第 1 版
印　　　次：	2023 年 1 月第 1 次印刷
出　　　版：	吉林出版集团股份有限公司
发　　　行：	吉林出版集团外语教育有限公司
地　　　址：	长春市福祉大路 5788 号龙腾国际大厦 B 座 7 层
电　　　话：	总编办：0431－81629929
印　　　刷：	吉林省创美堂印刷有限公司

ISBN 978-7-5731-3072-3　　　　　　定　价：62.00 元
版权所有　侵权必究　　　　　　举报电话：0431－81629929

前 言

文化是影响交际的一个重要因素,语言与文化有着密切的关系,文化对语言和非语言交际都有着重要影响。英语是在多元文化和语言环境中发展、变化着的语言,并形成了各种带有不同地域色彩的语言变体。英语不再为所谓的"标准英语"使用者所独有,而是属于具有不同语言文化背景的世界各国的使用者。各国文化都是博大精深的,要学习一门语言就要掌握该语言中的各种文化,而教师和学生的精力都很有限,不可能掌握所有的文化内涵,因而就要有所取舍。

英语作为一种语言,在一定程度上反映出其特定的文化背景,这种特定的文化背景给异国语言学习者带来了一定困难,并极可能在国际交往中引起误解。在我国,大多数人都是通过学习英语来了解异国文化的,这使得英语教学在学习异国文化中占有不可取代的重要地位。在过去传统的教与学过程中,英语教学中语言和文化的这种关系一直未得到足够的重视。似乎认为只要进行听、说、读、写的训练,掌握了语音、词汇和语法规则就能理解英语和用英语进行交流。

随着国际交往的迅速发展,来自不同国家或文化背景的人们进行着越来越多的思想交流,被称为"跨文化的交流"。在跨文化的交流过程中,交流双方经常会遇到一些障碍。但在许多情况下,交流受阻或失败不是由语言引起的。"大至人们的世界观、思维方式和价值取向,小至人们的言谈举止、风俗习惯都是文化背景的重要内容,都会影响跨文化交流的顺利进行。"原因在于"文化差异影响、误导信息的获得,造成交流障碍"。

本书主要探寻多元文化背景下英语语言交流,旨在推动英语多元文化语言交流的不断深入,同时也希望能够为英语工作者提供一些可借鉴的资源。全书总的方面对多元文化以及多元文化下的英语语言进行了讨论和分析,主要包括英语语言文化探析、多元文化下英语知识、跨文化交际中的语言交际、多元文化下跨文化交际的能力、多元文化下商务英语的语言特征及商务英语谈判与语言交际技巧等,最后从教师能力的提升来讨论,详细介绍了多元文化下英语教师语言意识的提升及发展,对从事英语工作者及管理研究学者有一定的参考价值。

本书参考了大量的相关文献资料,借鉴、引用了诸多专家、学者和教师的研究成果,其主要来源已在参考文献中列出,如有个别遗漏,敬请作者谅解。本书在撰写过程中得到了很多专家学者的支持和帮助,在此深表谢意。由于作者能力有限,加之时间仓促,虽极力丰富本书内容,力求著作的完美无瑕,且经多次修改,但书中仍难免有不妥与遗漏之处,敬请广大专家和读者批评指正。

目 录

第一章 文化与多元文化 …………………………………………………………… 1
 第一节 文化与交流 ……………………………………………………………… 1
 第二节 多元文化概念 …………………………………………………………… 14

第二章 英语语言文化探析 ………………………………………………………… 21
 第一节 语言概述 ………………………………………………………………… 21
 第二节 语言与文化的关系解析 ………………………………………………… 26
 第三节 英语语言内涵 …………………………………………………………… 28

第三章 多元文化下的英语研究 …………………………………………………… 33
 第一节 多元文化下的英语知识 ………………………………………………… 33
 第二节 多元文化对英语教学的影响 …………………………………………… 48

第四章 跨文化交际中的语言交际 ………………………………………………… 57
 第一节 跨文化交际概述 ………………………………………………………… 57
 第二节 语言要素与跨文化交际 ………………………………………………… 64
 第三节 语法与跨文化交际 ……………………………………………………… 67
 第四节 语篇与跨文化交际 ……………………………………………………… 73

第五章 多元文化下跨文化交际能力的培养 ……………………………………… 77
 第一节 培养学生的跨文化交际能力 …………………………………………… 77
 第二节 跨文化交流能力的提高 ………………………………………………… 85

第六章 多元文化下商务英语的语言特征 ………………………………………… 89
 第一节 商务英语的词汇特征 …………………………………………………… 89
 第二节 商务英语的句法特征 …………………………………………………… 97
 第三节 商务英语的语篇特征 …………………………………………………… 99
 第四节 商务英语的修辞特征 …………………………………………………… 108

第七章　多元文化下商务英语谈判与语言交际技巧 ······ 115
第一节　商务谈判的内涵 ······ 115
第二节　文化差异对商务谈判的影响 ······ 120
第三节　跨文化商务谈判中的语言交际技巧 ······ 125

第八章　多元文化下英语教师语言意识研究 ······ 131
第一节　反思型语言教师教育的理论与实践 ······ 131
第二节　教师语言意识培养 ······ 146
第三节　教师语言意识课程的开发 ······ 153
第四节　多元文化下英语教师专业的发展 ······ 155

参考文献 ······ 161

第一章 文化与多元文化

第一节 文化与交流

一、文化

跨文化交流作为一种行为存在已久,我国自古以来就有与外域交流往来的传统。当今的时代,随着改革开放政策实施以来,我国与各国之间的交流也日渐频繁,在频繁的跨文化交际活动中,为了避免不同文化的人际间、组织间交际时出现误会,进行有效的交流,建立良好的关系,人们需要了解跨文化交流的知识,提高跨文化交际的能力。因此,研究跨文化交流并以此促进外语的学习,有助于提高人们的跨文化意识,尽量减少交流中的问题。

跨文化交流学是传播学的一个分支,近年来有关跨文化交流学的著作大量出版,跨文化交流学逐渐占据了一席之地。每一门学科都有自己独特的、其他学科难以替代的研究对象,跨文化交流学当然也不例外。跨文化交流学研究的对象是文化与交流的关系,特别是文化对交流所产生的影响。

(一)文化的概念

在中国古籍中,"文"既指文字、文章,又指礼乐制度、法律条文等;"化"是教化的意思。英文中的"culture"原意指农耕及对植物的培育,从 15 世纪以来逐渐引申为对人的品德和能力的培养。文化一词的中西两个来源,殊途同归,都用来指人类社会的精神现象或泛指人类所创造的一切物质产品和非物质产品的总和。

(二)文化的结构与层面

文化可分为三个大的层面:文化体制、文化活动、文化内核。其中最外层是物质层面,是人类在改造自然的过程中形成的人与人之间的关系以及规范化了的经济、政治、教育等各种制度和体制;中间层面代表在外层制度下进行的文化活动,如文化规则和习惯、文化角色、艺术表达、技术与物质文化;内核是精神层面,即人类在改造自然、塑造自我的过程中形成的价值观念、心理状态、思维方式、审美情趣、道德风尚、民族信仰、民族习性等。文化各层面之间由表及里、由内到外相互制约、相互渗透。

(三)文化的特征

1. 文化是人类进化过程中衍生出来或创造出来的

自然存在物不是文化,只有经过人类加工制造出来的物品才是文化。例如,自然的山虽美却不是文化,经过人类劳动修建的庭院、假山石却是文化;水不是文化,而人工修建的喷泉却是文化。因此,在研究文化的差异以及文化的差异对跨文化交流的影响时,将主要进行人文文化的比较研究。

2. 文化是人们后天习得的

文化不是人们天生的遗传本能,是经过学习得到的知识和经验。一个婴儿刚来到这个世界时,不具备任何文化。例如狼孩在狼群中长大,因此没有任何关于人类文化的印迹,而且把一个刚出生的孩子放在哪一个文化群体中,他就会接受学习那个群体的文化。

3. 文化是一个体系

文化是一个由各种要素组成的多层次的复杂庞大的体系。比如历史悠久的中国的茶文化就体现了一个文化群体多层次、多元素的文化。茶叶的种植加工体现出经济制度,而广东一带人们喜好乌龙茶,福建一带人们喜好工夫茶,湖广一带都偏爱绿茶,这又反映了人们的风俗习惯这一文化中层的内容;喝茶者品味茶之甘美的同时,主要是要体会一种朴素雅致的境界,体现了东方人的价值观与审美观,这又属于文化内核的内容了。小小一杯茶足以看出文化是一个广博的体系。所以,在讨论跨文化交流中的文化差异时,要从文化的方方面面着眼,进行文化各层面的对比研究。

4. 文化教育在一个群体中具有共享性

文化必须被一个群体所有成员共同接受和遵守才能成为文化。不同的国家、不同的社会、不同的组织和不同的人群,都会有自己不同的文化。而个人的习惯、癖好不能称之为文化,因为它没有共享性。因此,在进行文化比较时,不会涉及个人的习惯、癖好等方面,进行的是文化群体共有的文化的比较,强调的是文化群体的交流模式。

5. 文化是发展变化的

文化既然是社会的产物,那么它会随着社会的发展而发展,促使文化发展变化的主要原因之一是生产力的发展。当今我国生产力有了飞速的发展,于是应运而生了许多新的文化现象,比如电视文化、网络文化等。因此,跨文化交流的研究既要着眼于各文化群体长久稳定的文化现象,同时也要关注新生的文化现象。

6. 文化具有民族性和特定的阶级性

人类自从形成民族之后,文化往往也以民族的形式出现:一个民族使用共同的语言,遵守共同的风俗习惯,有共同的心理素质和性格,这就是文化的民族性。比如,即使是同样的黄种人,一看或一接触就会知道哪一个是中国人,哪一个是日本人,因为不同的民族决定了不同的文化特征,举手投足之间都会体现出来。另一方面,即使是同一民族内部,也会由于阶级不同,有不同的文化特征。阶级不同、物质生活条件不同、社会地位不同,因而各阶级的价值观、信仰、习惯和生活方式也不同。

7. 文化常有本民族化优越感的倾向

任何一个民族都将自己的文化置于中心的位置,以自己的文化标准衡量一切。这种民族文化优越感常常会阻碍文化交际的顺利进行。因此,跨文化交流能力的培养的一项重要内容就是要避免民族中心主义,所以在进行交流时,提倡学生多多了解对方的文化,在广博的文化知识基础之上,采取一种理性客观的跨文化交流的态度。

8. 文化对符号有依赖性

文化是建立在符号之上的,是可以传递的。最普遍、最常用的传递文化的符号就是语言,例如,我们可以用一个倒贴的"福"字表达对于新年的企盼。除了语言这种符号之外,非语言行为、事物也可以作为一种象征符号承载、传递文化。比如,松鹤表示健康长寿,鞠躬表示尊敬等。既然文化依赖符号,那么从符号中就能够分析出文化现象,在进行文化比较时,最常用的方法就是分析语言、行为等这些文化承载的符号,发现其中的文化内容。

9. 文化赋予现实以意义

文化不仅包括行为方式,也包括思维方式。通过文化我们可以学习到世界里事实所赋予的意义和行为的特殊意义;因此,我们能够做出有意义的行为,并且知道如何去响应它们。由于这些意义是由文化来决定的,而文化又有差异,因此在不同的社会里,人们对同一行为就会有不同的理解,很多不同的行为在同一文化里会得到同样的解释。因此,文化是对世界的多种多样的理解。从这点来看,文化是一种规范,规范是外在化的价值观,是标准化的行为模式。

10. 文化作为被传递的通讯象征

文化是被传播的通讯象征——我们称之为语言符号通信系统。虽然人不是使用语言的唯一动物,但并不是只有他们才使用通信系统。所有的动物相互间都有通讯联系,使用的是各种各样的叫喊、呼唤、姿势等。然而,称为信号通讯的含义,都是由遗传决定并且十分固定的。信号的意义不能改变,它们也不能与其他信号结合起来产生合成信息。当一只鸟发出危险信号时,这就是那种环境所能产生的唯一的信号,这只鸟对于这种符号的暗示不能有任何的改进。

人的语言又是另一回事。组成语言的词不仅是信号,而且是象征。象征与信号的区别在于象征是人为的。它成为一种事物仅仅是由于使用象征的人们认可的那样。因而象征是灵活的,人们可以改变它的意义;可以任意组合、修改以表示新的含义;也许最重要的是它们可以用来表达并不存在的事物——过去和将来的事,抽象的量和严肃的精神现象。语言因此能为人们传播他们所做的事件,语言也能使人们通过运用抽象范畴来表现他们的经历,还能表达以前从未表达过的思想。道德、哲学、文学、科学、经济、技术和许多文化方面与学术的能力一起,都依赖这种较高层次的传播。因此,文化不仅通过象征来传播,它在很大程度上也依靠象征而被创造。因此有人说,文化是由语言所决定的。

11. 文化是经过整合的

文化的每个因素都是连锁的,并相互支持形成一个系统,一个经过整合的系统。

12. 文化是有差别的共享

社会整合的一方面是不同的社会需要不同的亚群体来满足,如职业群体、年龄群体、族群和社会经济群体。事实上,一个复杂的社会可以视为能动的管理系统联合的群体。在这个联合群体的每一个亚群体之中,形成了细微的差异。每个群体成员共同承担一定的、特殊的需要和利益,促进了一整套思想和行为的发展,甚至行为方式的改变。如送礼,由于教育程度不同、职业不同会有所差异。文化主题上的差异,受到了子群体全体成员的影响。因此,当任何社会的文化通过那个社会的所有成员明确地共享时,文化也在这个群体的亚群体中有差别地共享。

13. 文化是一种适应方式

我们常常强调文化对个体的影响,同样通过使文化原则对新情景的适应,个体也对文化产生影响。我们在继承祖先的文化的同时,也继承了那一套适应方式(如农业),并且通过设计新的适应类型以适应现实的环境。理解人们与文化之间的这种能动的互换,就必须考察个体是怎样对待其文化的原则的。

在任何社会里,绝大多数人都知道在所处环境中最适宜做什么,但并不经常照办。也就是说,我们每个人或多或少地以相同的方式违背了所信奉的行为准则,因而出现了大量的偏差,只不过这种偏差是在社会所能容忍的范围之内。医生不告诉癌症病人真实的病情,这种说谎被视为善意的;小孩子要买的东西太贵,骗他说东西不好,可认为是没有恶意;可是法庭上说谎,就成了做伪证,超出了社会容忍的范围了。

这些难以理解的情形,存在于每一个社会:每个社会的人都有能够接受的一套行为准则,然而人们又总是或多或少地打破这些准则。这是为什么呢?

其原因是适应的需要。虽然绝大多数的人需要去做适合做的事,而且文化又提供了"适合"的界限。但解决实际问题和适应环境的变迁时,依赖的是竞争、智慧,而不是适当。因此,人们花费时间去寻求智慧,以解决问题,另外为了自尊心的满足,而去"适当"。用这种方法,通过合理地说明起先似乎不可靠的解决问题的方法,人们就主动地制造了文化。而一旦新的解决问题的方法获得了道德的价值并有了足够的追随者,它就会融入文化之中,将成为一个共享的行为,这个行为将作为处理问题正确的方法而被告知下一代。

所有的社会都有这样的通则:如果足够的人们发现个体妥善处理问题的方法很有用,那它会成为文化的一部分。人们在自己的世界里为了生活而做出的个体决定中,一些决定将在总体上成为社会适应种类的部分,并且对适应种类不断修正,文化也就进步了。这个过程中,个体决定导致群体适应,并反过来引导文化和文化进化,也就是文化与个体的相互作用。

上面所述的这些文化的特征,正是人类学家勾画出来的,由于个人的着重点不同,因而给文化所下的定义也就各有所异。现代人类学的两个流派对文化概念的解释有所不同。

第一,"文化"是指潜藏在一个民族的生活方式之下的共同的观念系统、概念性的设计和共同的意义系统。如此定义的文化,指的是人们所学到的知识提供了"用来决定什么,决定可以是什么,决定感觉怎么样,决定应该做什么,决定怎么做的标准"。

在每个人的大脑中储存着一套非常精密的知识体系,而这种体系通常都有一定的模式。我们的各种行为方式都暗喻出文化的模式或规则,如分类、称呼等。这种文化不是由我们能够观察、计算质量的事物或事件组成的,而是由共同的观念和意义组成的。这种文化概念强调文化是复合体,没有一个人知道社会中生活方式的所有方面。因为每个人只是参与社会网络中的某些环节,各个环节构成一个整体。

第二,文化是通则。没有哪一个人会对他们的生活方式具有完全相同的知识,因此,将他们作为一个整体进行描述时,从某种意义上来说,是一种共同特性,比每一个人变形要普通得多,因而也要抽象得多。文化并不仅仅是共同特性,它是所有个体的复合知识的一种理想化的标准,与任何个体都在某些方面有所不同。

第三,文化唯物论派。文化是社会成员通过学习从社会上获得的传统和生活方式,包括已成模式的、重复的思想方法、感情和动作(行为)。

(四)文化的功能

1. 文化功能内涵

人有一种努力用各种方式在对象世界中肯定自己、复现自己的本性,从而发现和实现他自己,不过在这样做时,他首先渴望的是调节、干预在他面前的现象。事实上,人类的最终关切就是发现合适的反应,也即正确地适应并控制上述现象。人在艺术、科学和实际日常事务中的实践活动,都一直是在改造并重建他周围的世界,力图用人类自己的创造性发明对其实施反作用,赢得生存自由和发展,文化就是在这一社会历史活动中衍生、嬗变的,由此,我们可以从人作为主体的自我实现的角度对文化做出哲学规定:文化是作为目的本身的人的发展过程及其成果的范畴,是人的本质力量在实践活动中,在对象化和非对象化的矛盾的不断解决中得以形成、存在、积累、传递、发展和发挥的。永不停息的活动过程及其成果,是体现在人类创造的物质、精神财富中,以价值体系为核心的一整套规范的结构和功能的统一,它联结着人和外部世界,人永远靠文化活动来改造和评价外部世界。另一方面,文化的实体是人类以世代相承的个体为主体的连续不断的活动,实现作为主体的人的扩大再生产,是文化的根本功能。文化作为实践的产物,经实践活动的要素方式发挥其功能,因而,人的自由而全面的发展,是文化的最高价值。

2. 文化功能的层次

文化所概括的不仅仅是实践活动的成果,还包括创造成果的活动本身,就是说文化不仅以活动的产品形式存在,也以活动本身的形式存在,从活动的产品这个角度来看,文化通常有物质文化产品和精神文化产品之分;而从活动主体的角度来看,文化又可分为社会化和个性化形式。与此相对应的文化功能,有两个层次:第一,满足人精神上、物质上的需要,这是显层,即作用在社会物理层面的功能;第二,启蒙人、发展人,这是隐层,即作用在人文化心理层面的功能。

文化的显层功能是任何一种文化产品和文化形式都具有的。因为在人创造文化的实践活动过程中,都带有特定的目的,并达到了一定的效果,满足了某种需要和要求。这当然是由人的实践特性所决定的,无论是流露和显示主体本质力量的文化产品,还是通过创造对象的文化活动都无一例外地表达和确证了主体的本质力量。这就是文化的显层功能,人类的价值生产活动和精神生产活动的目的,体现着人类的价值追求,它们的实现与成功,是一个合目的性、合规律性的过程,是真善美的统一。但是文化本身是复杂的系统,既有真善美的东西,又有假丑恶的东西,二者相混杂而生,相比较而存在,相斗争而发展,假丑恶作为一种文化也是负文化,其功能是消极的,会引导社会野蛮倒退。

文化的隐层功能,顾名思义,就是不明显、不易觉察而深含于内的功能,即文化对人心理潜移默化却根深蒂固的影响。这是有历史唯物主义的理论依据的,马克思从人创造文化的实践活动考察人的本质,揭示了人的社会性。人在运用物质工具改造和征服自然的文化实践中,不仅使客观的外在自然(包括人身)发生人化,创造了人类的物质文明和精神文明的成果,同时也使主观的内在自然发生人化,形成了人类的文化心理结构。可见,人的文化心理结构的生成是"以往全部世界历史的产物"。

人的文化创造活动即社会实践,一方面变革着人周围的现实环境,另一方面又变革着人自身,相应地更新着人的心理结构和机能,使之提高到与一定时代的社会生活相适应的水平。恩格斯肯定和确认人的心理功能潜源于自身的个体经验和它的"历代祖先的经验","通过积累起来的遗传得以延续和巩固下来"。荣格的集体无意识理论认为,人的心理结构和思想意识不完全源于经验,在他看来,集体无意识是人的演化发展的精神剩余物,它是经过许多世代的反复经验的结果所累积起来的剩余物,这种"剩余物"是社会文化积淀的群体遗传。古老的社会文化基因和原型被传递、贮存于后继的文化和人们的心理结构中,它永远活着,驾驭着每个成员的灵魂,延续着人类的生命。人的心理结构和心理功能的生成、丰富和深化是由社会文化氛围制约着的。

3. 文化功能的内容和本质

文化是由人创造的,同样文化也创造着人,可以说文化是人掌握控制调整世界的方式,也可以说是人进入世界的方式。人的实践活动和文化创造是有内在的一致性的,人类通过自己的独特方式创造并掌握着一个与自然界相关的人的世界,即文化的世界。在这里,劳动实践活动开展的时候,人的社会交往和各类社会关系便开始建立起来,语言和意识一样是由于需要,由于和他人交往的迫切需要才产生的,文化是人在物质和精神生产领域中创造活动方式的总和,是这一活动的结果,同时也是人在组织促进人类向前发展的相互关系方面所取得的成果。

简而言之,文化是历史上所创造的生存式样的系统,我们可以对人类掌握世界的独特方式试做一个全面的把握:其一,是指作为生物物种存在的独特方式;其二,是指作为社会物质生活和精神生活的方式的总和;其三,作为社会历史活动方式的总和,以及传播与教化方式和途径;其四,指人类对自身(社会和人本身)发展和控制的自觉手段和有效方式。文化被看作是人的生活方式的表现,人作为文化的生物,从这两方面出发,我们就可以对上述四点做这样的理解:人类掌握世界的特有方式,不论是观念的、理论的,还是现实的、实践的,通过文化进行整合和综合运用,并且成为人类活动过程、活动方式、活动结果等诸环节的内在要素和总体形式。文化本身就是功能性范畴,因此上述的概括也就内含着对文化功能内容的抽象和总括。

文化作为人类活动的中介系统,是有着深刻的价值和意义的,文化功能的本质,也正是在存在人自身的规定的分析中,才显示出它的这一内在层次,下面即围绕人与人的世界关系入手来加以分析。我们在这里遇到一些影响和控制人类行为和内在精神生活的各种可能性。如果说古代自然力曾在人身上激起过一种敬畏之情,而生命力所固有的力量其效果更加显著激烈,可是在人类历史性的生命活动和文化创造的系统阶段,社会力量甚至更令人敬畏,政治和经济的权力的集中,非人格化的社会结构,时代情绪和精神,人们的心理状态和方式,所有这些力量在许多方面还都是难以捉摸和不可理解的,控制它们就更困难。所以,一种正面策略必定是把这些力量置于控制之下,把它们引导到正确的方向,换言之,人类必须不断打破历史发展中形成的一个个自我封闭的固有领域,才能实现人类的自由发展。这样,最初被认为异己的和人类敌对的位于自然生命现象和社会中的许多力量,最终都通过或将通过科学医学和其他认识与行动的方式而受到控制,与此同时,人的能力和责任增强了,文化作为人类活动方式、思维方式和能力的总和,正在人类创造活动中无时无处不在起作用,随着文化的发展,人进行创造活动的自由度就越大。由此我们可以领悟到,文化不再是一种外在于人的、在历史中自动发生作用的非人格力量,文化也不应是自动出现的,而是必须不断地由人来指导和驾驭的。整个人类发展的漫长历史过程,就是一幅在征服世界的同时,又不断发展完善人自身的历史画卷。在这个意义上可以说,一切为人,一切为人的完善和发展的文化,就其本质而言,正是使人不断获得解放,正是在人类活动中显示其特有的力量和风采,显示其本质的功能和价值。文化的进步显示了科学的力量,促进了文明的进步,而与此同时,人性也得到了发展,人类自身的解放、进步和自由也不断升级。

文化功能的本质意义启示我们:人是创造自己历史活动的主体,当人了解认识到人类历史进步的总趋势和社会不断向前发展这一客观规律,依此实施某种构成人的集中于未来的文化战略,人就成为自觉自为的创造者了。事实上,在历史发展的每一个阶段,作为创造文化的人类来说,都力图把人和周围力量之间的关系放在超越的前景之中,使之沿着正确的方向发展。文化的功能就在于它给人们构建了令人向往的理想世界,使人充满希望和激情,在获取人的社会性和社会价值的同时,实现自我的超越和升华。负责的社会正是顺应目的性的历史趋势而产生的。在人的生活状况的改善,本质力量的发挥,人性完善等方面,在征服自然强化和改善社会管理,发展人以造福人类方面承担起历史与时代所赋予的责任。毫无疑问,历史是不可逆转地向前挺进的,人类社会将继续它的历史,人类通过创造文化,求得自身生存自由和发展,使人不断获得解放,而解放正是每一个人作为文化的生物,内心深处所渴望的。

文化在个人、群体和整个社会(国家)等层面都发挥着作用。

第一,文化对个人起着塑造个人人格、实现社会化功能的作用。人的社会化需要通过文化传播来进行,是指个体接受所属社会的文化和规范,把这种文化作为自己行为的价值准则的过程。

第二,文化对于一个群体起着目标、规范、观念和行为整合的作用。例如,企业文化对于企业的目标、企业员工的行为规范行为起着整合作用,以便形成合力向共同的目标前进。

第三,文化对于整个社会起着社会整合和社会导向的作用。这其中包括价值整合、规范整合和结构整合。价值整合指在统一的文化的熏陶下,绝大多数人会在社会生活的基本方面形成大体一致的观念。规范整合是使社会成员的行为纳入一定的轨道和模式,以维持社会的程序。结构整合的功能是使社会各系统组织成一个协调的功能体系。

第四,文化具有导向功能。文化可以推动社会进步,也可以阻碍社会文明的发展,即文化的导向功能是两方面的。

综上所述,正因为文化具有如此的功能,文化才会对交流产生巨大影响。

二、交流

(一)交流的概念

交流一词在英文中是 communication,其基本含义是与他人分享共同的信息。这个词来自拉丁词 common,含义是共有、共同的意思。跨文化交流中的交流可定义为:信息发送者与信息接受者共享信息的过程。

(二)交流的层次

信息交流大致可分为三个主要的层次,即人际交流、组织交流和大众传播。

第一,人际交流指人与人日常生活和工作中面对面的信息沟通,如谈话、聊天等。当然在当今科技发达的今天,这种人际交流可以直接面对面地交流,也可以不见面通过现代通信手段如电话、传呼、网络等进行交流。在本文中,此类交流是讨论的中心问题。

第二，组织交流是维系一个组织、单位、部门、企业正常运转的交流。比如命令、文件、请示汇报等。

第三，大众传播是以书籍、报纸、刊物、电影、广播、电视等技术手段向大众进行的传播。这种交流的发出者是出版社、报社等组织机构，接收者是人民大众。

(三) 交流的特性

1. 交流的推测性

每个人都是一个独特的个体，有着相对独立性。交流的参与者不能直接感知到对方的真实心理与想法，而且交流过程中有种种噪音干扰，交流双方只能尽可能推测对方所知所感，交流的效果会接近本真，却不会达到百分之百。正是由于交流的推测性，跨文化交流过程中才会出现许多障碍和误区。因为两种文化之间的差异越大，交流过程中产生噪音干扰的程度就越大，于是障碍随之产生。那么，尽量减少这种推测性就成为克服交流障碍的必由之路。当然，减少推测性最好的方法莫过于去尽量了解文化交流双方的文化，正如后文详细论述的那样，了解成为提高跨文化交流能力、减少交流障碍的最主要方法。

2. 交流的符号性

因为文化是依赖符号的，符号是文化的载体，交流自然也依赖于符号。有些符号与意义所指之间的关系具有直观性和逻辑性，如图片、雕像、抽象符号等。这种符号在交流中直接传达文化意义。在跨文化交流中，如果交流通过这种类型的符号来实现，往往交流能够顺畅地进行，不容易产生交流偏差式误会。另外，有一些符号与所指意义之间的关系往往是某一文化群体或社会成员约定俗成的结果，非此文化群体的人不会知晓。也就是说，同一符号在不同的文化环境中具有不同的意义，那么在跨文化交流中使用这样的符号，就容易引起交流偏差和误解。这一点在跨文化交流中尤其要注意。

3. 交流对环境的依赖性

交流总是要发生在某一特定的社会环境中，因此交流受到环境的制约，这里所说的环境指的是广义的环境，包括场合、时间、社会因素等。正因为交流受到环境的制约，在跨文化交流的领域，环境的因素尤为重要。文化规定着人们在不同交流环境中的行为，也就是说，在进行跨文化交流时，必须考虑不同的文化中同样的环境也有不同的交流方式。

4. 交流的自我反省性

交流的自我反省性体现在交流的参与者要反思自己。在交流中，人们可以观察、评价、调整和改变自己的行为。交流的自我反省性对于跨文化交流有着显示作用。一些文化中心主义者过于注重自己的文化；而另一些人却恰好相反，关注对方的文化胜过自己的文化。这两类都会导致跨文化交流的失败与偏差。因此，跨文化交流的顺畅进行需要交流的双方有一定的跨文化交流意识，调整自己交流中的心理预期，以更理性、更宽容的态度对待交流中的分歧。

三、文化与交流

(一)文化交流的重要性

"跨文化交流"是指本族语者与非本族语者之间的交流。在这一过程中,由于交流的双方来自不同的文化环境,分别受不同文化背景和生活经历的影响,各自形成不同的语言习惯,因而人们在交流中总喜欢用自己的说话方式来解释对方的话语,这就可能使他们得出不准确的推论,从而产生冲突和障碍。

长期以来,我们的英语教学侧重于语言教学,一味地传授语音、词汇、语法知识,强调语言的正确性,致使学生不顾场合、时间、交流对象及其他因素的差异,一开口常常是"汉语思维,英语形式"。这容易引起文化冲突,造成双方感情上的不愉快。因此,我们应该抓住不同语言交流产生误解和冲突的焦点,突破文体障碍,把跨文化交流作为英语教学的一个重要环节,有针对性地培养学生正确得体的跨文化交流能力。

中、英文化的差异范围较广,大至社会阶层、家庭结构、职业活动,小至约会、打电话、饮食起居等。如果忽视了这些差异,人们在交流中就不能正确地表达自己的思想和意愿而导致交流失败。为此,在英语教学中,不应只重视语言教学而忽视语用教学,而应向学生不断渗透英语国家的文化背景知识,指导他们把握主要的语用差异。

1. 文化意识渗透的内容

文化意识渗透的内容可以说纷繁复杂,包罗万象。但其实可以把它们分为两大类,即知识文化和交流文化。知识文化包括社会组织、政治制度、经济制度、学术思想、民族、文学、艺术、地理、历史、科技等;交流文化则包括社会习俗、风土人情、生活习惯、日常行为准则等。在教学过程中教师应在进行语言教学的基础上,针对教材中所涉及的知识文化和交流文化内容,采用适当的方式、方法进行强化和渗透。此外,对于非语言形式的文化如手势语、体态语、声音声调控制、服饰、环境因素、时间语言等,教师也可在教学过程中进行恰如其分的渗透,以引起学生的注意。以前,我国在大学英语教学中很少强调文化教育,近年来,跨文化交流已成为英语界的一个热门话题,许多高等院校的英语专业,都开设了跨文化交流的必修课程。在大学英语教学中,有一些教师已经认识到语言和文化不可分割的关系,在教学中也有意识地进行文化知识的传授。这就给英语教学提出了一个新的要求:"英语教学中教师应使语言教学和文化教学浑然一体。要使外语教学从只注重培养语言素质和文学欣赏能力向培养文化素养过渡,使文化规则成为交流能力不可缺少的组成部分。"

教材采用原汁原味的语言素材、语言规范,实用,内容丰富,涉及语言、文化、教育、生物等多方面,其中有很多体现了英美民族文化特点的文章。这样的选材有利于教师结合文化背景、文化蕴涵,通过对比,培养学生对中西方文化差异的敏感性,使学生了解不同国家的文化特点,去其糟粕,取其精华,提高自己的文化素养。英语教学中注重文化差异的传授,会加深学习者对所学内容的理解和掌握,在交流中不至于造成语用失误。每一种语言都在英语教学中,不能只单纯地传授语言知识,应该尽力引导学生去认识文化差异,了解别的国家特别是英语国家的文化背景。学生在理解语言时只注重表层结构,往往忽略语言所反映的深层语义。有时只靠表层结构分析并不能完全正确领会说、写者的真实意图,这时,就需要指导学生依据自己的文化知识对英语语言进行分析、归纳、综合、推论,以正确理解其所要表达的言外之意。

2. 文化教学的重要性

学习语言的目的是为了交流。人类的交流不仅是一种语言现象,也是一种文化现象。要真正掌握一种语言就必须了解这种语言的特定社会背景,要成功地教授一门外语就必须重视外语教学中的文化教学。大学英语教学最主要的任务是培养跨文化交流的人才,其最终目的是培养学生的英语交流能力。交流能力的四个要素:语法性、可行性、得体性和现实性。其中得体性和现实性直接和文化有关。得体性主要是指在说话的对象、话题、场合、身份等不同的情况下,要使用不同的得体语言,这就涉及文化背景的问题。现实性主要指要使用真实、地道的英语,这也是只靠语言知识不能解决的问题。文化教学是培养学生交流能力的重要组成部分。

文化差异往往会给语言学习及国际交往带来诸多不便,因而,作为语言学习者,了解目的语与母语之间的文化背景差异极有必要。

3. 文化教育是语言交流的关键

帮助学生在学习语言时提高对文化的敏感性,就可以利用他们发自内心地想了解其他民族的兴趣和动力,从而提供学习该民族语言的基础。在英语教学中,应树立文化意识,应在传授语言的同时同步传授文化知识。这样做的好处是文化知识加深了学生对语言的了解,语言则因赋予了文化内涵而更易于理解和掌握。语言教学和文化教学可以在传授语音、词汇、语法等语言知识时同步进行。在英语教学中,总结归纳日常生活交往中的中西文化差异,这对学生进行跨文化交流能力的提高能起到积极的促进作用。

(二)如何在英语教学中实现文化交流

大学英语作为一门语言课程,其本身便具有鲜明的文化特征。它通过语言的教学向学生传递着异文化圈中的异文化模式,使学生得以全面了解异域文化,并按照本民族文化的价值观积极地对之扬弃,从而实现本民族主流文化的创新,这便是教育的文化传递功能,也是大学英语教学的重要内涵。

其一,增强学生对文化差异的敏感性。对文化差异的敏感性,就是通过客观的、非判断性的对比,正确理解本族文化与目的语文化的差异,在摆脱民族中心论的基础上正确理解另一种文化。对文化差异的敏感性可分为四个层次:第一,对于表面的、明显的文化特征,人们通常认为新奇而富有异国情调;第二,对于细微而有意义的,与自己的文化迥异的文化特征,

♠ 多元背景下的英语语言交流与实践

人们通常认为难以置信或难以接受；第三，与第二个层次类似，区别只在于通过道理上的分析认为可以接受；第四，能够做到从对方的立场出发来接受其文化。因此，文化导入应通过对比来认识与本族文化不同的文化现象，逐步建立对文化差异的敏感性，使这些文化现象不再显得新奇和富有异国情调。

其二，激发学生学习英语的兴趣。激发学生学习英语的兴趣，是实现英语教学目标的一个重要手段。学生对外语学习产生浓厚的兴趣，把外语学习当成乐事，是外语教学的最佳境界，也是学生学习进步最快的时候。在以往的教学中，文化知识的缺乏常常成为学生理解语言知识的障碍。而在教学中导入相关文化知识，则会大大促进学生对语言的理解，从而使其对英语学习产生兴趣。这与第一步是相辅相成的。文化导入与英语教学一样，不是教师单方面的介绍，而应要求学生共同参与。可以采取多种形式来实现这一文化目标，如角色表演、情景对话、电影及文学作品赏析、专题讲座等都是行之有效的方法。

其三，正确理解文化的差异，帮助学生正确理解中外文化等方面的差异，让学生明确地意识到，无论对英美文化理解得多么宽广，跨文化交流中的误解是不可能完全避免的，但可以通过努力使其减少到最小程度，这就要求学生既要掌握文化的共性，同时也要更好地理解自身。这不仅有利于增强学生学习英语的兴趣，也有利于他们英语综合能力的提高。

1. 文化交流过程中需要注意的问题

跨文化交流是双向交流的过程，交流双方都了解对方的文化特征，并彼此尊重对方的文化习惯，是跨文化交流顺利进行的必要条件。中国加入世界贸易组织以后，随着国际交往的日益频繁，人们将面临如何与来自不同国家、不同文化背景的人相互沟通、交流、合作的问题。教师应培养学生重视中国文化与外国文化的差异，更深刻地揭示外国文化的一些主要特征，加深学生对东西方文化差异的分辨、分析能力，从而也加深对中国文化本质特征的了解。训练他们使用英语中介语，宣传中华文明的灿烂文化，使他们不仅能吸收外来文化的精华，也成为我国对外文化交流的使者，使他们不仅了解本国的文化。乐于接触、学习其他文化，这不仅是学习表面的细节，在日常生活、商业交往、国际事务中真正尊重外国人的文化，也向他们传递中国的文化，在互相平等、尊重的基础上加强往来，才能跨越因文化差异造成的障碍。

教师在教学中要遵循以下几个原则：实用性原则、阶段性原则、适合性原则等。

(1)实用性原则

指文化导入要注重与日常交流的主要方面紧密联系，对于那些干扰交流的文化因素，应该详细讲解，反复操练，做到学以致用。

(2)阶段性原则

要求导入的文化内容应适合学生的年龄特点和认知能力，注意由浅入深，由现象到本质，逐步扩展其范围。

(3)适合性原则

要求所导入的文化内容应该与教材的内容有关,或者是教材的拓宽。文化导入教学应充分利用教材中的语言材料,尽可能地与语言教学同行。

实践证明,教师在教学中遵循了以上几个原则,通过对东西方文化差异和文化历史背景的循序渐进的介绍,加深了学生对教材中涉及的文章文化的理解,同时也提高了他们的跨文化交流的能力。

2. 文化教学的内容

语言教学中的文化背景知识按功能可以划分为两种:知识文化和交流文化。知识文化是指一个民族的政治、经济、教育、法律、艺术等文化知识;交流文化是指两个文化背景不同的人进行交流时,那些影响信息准确传达的语言和非语言因素,包括问候、致谢、称呼等习语和委婉语、禁忌语等。教师要做到既不放弃知识文化的积累又要加强交流文化的教学。文化教学应注重知识文化,以提高学生的文化意识和文化修养为主,了解外国人的价值观及思考问题的方式等。交流文化的传授应该从日常生活的各个方面入手,教师主要向学生讲述英汉常用语在语言形式和风俗礼仪等方面的差异。

3. 课堂教学是学生获取文化知识的重要途径

外语教学不同于母语教学,它必定要涉及目的语的民族文化问题、本族语的民族文化问题以及跨文化比较问题。在英语教学中,我们往往只注意到本族语对学习外语的干扰而忽略了其本身社会文化因素的干扰。人们都说学习外语跟孩子刚学说话的情形类似,孩子在学习母语时,语言能力和社会文化知识是同时获取的。而在外语学习中,教师组织的课堂是学生主要的语言学习环境,学生掌握的文化背景知识往往通过教师在课堂上的传授而获得。因此,在英语教学中,教师应在讲授语言知识的同时有意识地传授社会文化知识,从而提高对中外文化差异的敏感性,使学生具有初步跨文化交流的能力。

四、文化交流的特点

(一)双方共享性差

共享性指人们具有共同的文化特征。由于跨文化交流的双方来自不同的文化背景,其各自的文化中的认知体系、规范体系、社会组织、物质产品、语言符号与非语言符号系统的相似与不同混淆在一起,其文化共享性差是显而易见的,也是不可避免的。当双方用语言和非语言符号对文化信息加以编码进行交流时,就会发生障碍,比如英国人说"她像一只猫似的",中国人对此的理解是,"她很温顺",实际上英国人的原意是"她是个脾气不好爱骂人的女人",两种文化对"猫"赋予了不同的文化内涵。

(二)各种文化差异程度不同

由于各种文化的差异在程度上是不同的,产生误解的可能性的大小也是不同的。比如中美之间的文化差异就比中日之间的文化差异大得多。

（三）无意识的先入为主

人们从小接受了一套文化传统，就会潜移默化地在头脑中形成一种思维习惯，习惯成自然，虽然人们在意识到了文化差异之后，会试图以另一种眼光来看待另一种文化中的行为，但原有的思维习惯很难改变。对另一种文化的行为方式可能能够做到理解，但还是会觉得不舒服。

（四）跨文化交流中误解、矛盾多

跨文化交流中发生的矛盾冲突不仅数量上多于同文化交流，而且难以解决。国与国之间的文化冲突会导致政治冲突，比如由于世界各国对人权看法不一，而引发了一系列的政治冲突。个人层次上的跨文化交流中的冲突可能会导致"文化休克"（cultural shock）。"文化休克"是指在跨文化交流中参与者由于失去了自己熟悉的社会交往符号，对于对方符号不熟悉而产生的深度焦虑症。比如一个初到美国的中国留学生可能会在生活的方方面面都感到与自己在国内的生活截然不同，他会感到很孤独，甚至信念和价值观都受到影响。

（五）跨文化交流会导致文化变异

在个人的层次上，文化变异可能会导致习惯、行为的改变，甚至价值观、信念的改变。

跨文化交流在文化群体这个层次上可能会引发社会发生巨大的变异。比如我国自20世纪80年代以来，无论是社会经济、政治及人们的思维、价值观都发生了翻天覆地的变化。就拿对于钱的观念来说，过去如果一提到"金钱"二字会觉得是个俗气的东西，高尚之士不屑谈论，而如今如果某人擅于生财，会引来众人仰慕，觉得此人是"成功人士"，并乐于听此人传授谋财之道。这就是跨文化交流带来的价值观的改变的结果，即文化变异。

第二节　多元文化概念

当今时代，经济全球化、政治多极化、文化多元化已经成为不可逆转的趋势。世界各国在政治、经济、文化等领域的交流也都达到了空前的广度与深度。多元文化给人们带来了多方面的冲击，尤其是给人们的思想观念带来了巨大的冲击，而这正是教育变革的一个重要因素。因此，要想深刻地理解当今教育变革的内在渊源，有必要对多元文化进行深入的研究。

一、多元文化的提出与含义

（一）多元文化的提出

就文化本身的发展而言，长期以来，以达尔文的"进化论"为基础，认为文化是精英成员活动的总体象征，更是从野蛮到高度文明的发展历程。但从20世纪50年代以来，这种观点逐渐遭受质疑和批判。文化被认为是由不同时间和地点的人们以不同的方式集体所做的事情,它具有历史的特殊性,其意义取决于特定的情境。而这一文化的理念就成为现代多元文化主义的基础。多元文化论认为,一个国家由不同信念、行为方式、肤色、语言等多样化民族所组成的文化,其彼此间的关系应是相互支持且均等存在的。

20世纪60年代,随着欧美民权运动的兴起,文化本身的发展以及后现代主义的张扬,多元文化不仅已成为事实,而且成了社会和政治生活的一个条件,成了国家政策中的一个重要组成部分。

虽然多元文化的现象一直存在,但多元文化概念的提出却是社会发展的结果,确切地说,是全球化的结果。如果没有全球化,多元化的问题是不可能提出的。事实上,在当今这个全球化的时代,所有国家都或多或少面临着文化多元性的挑战。全球化对多元文化概念提出的影响主要表现在以下几个方面:

第一,经济全球化和后殖民状态在外国社会引起了阶段性的大变动,产生了以后现代性为标志的后工业社会。而后现代性大大促进了各种"中心论"的解体,世界各个角落都成为其不可分割的组成部分,每一部分都有其存在的合法性。一方面,这大大解放了多元文化的发展;另一方面,各个文化都认识到不仅需要吸收其他文化以丰富自己,而且需要在与其他文化的对比中更深入地认识自己以求发展,这就需要扩大视野,了解与自己的生活习惯、思维定式全然不同的其他文化。这样,对文化多元发展等问题便被提出来并逐步受到重视。

第二,全球化促进了殖民体系的瓦解,造就了全球化的后殖民社会。特别是第二次世界大战以来,很多国家都寻求自身文化的独立性。例如,以色列决定将长期以来仅仅用于信仰仪式的希伯来文重新恢复为日常通用语言;马来西亚为强调其民族统一性,坚持以马来语为国语;而一些东方国家的领导人和学者为了强调自身文化的特殊性则提出了"亚洲价值"观念等。可见,文化总是向着多元的方向发展的,后殖民主义为多元文化的发展奠定了基础。

第三,全球化所带来的物质与文化的极大丰富使得原来贫困地区的人们在创造了物质文化的同时,也发展着自身的精神文化。可以说,由于经济和科技的发达,人类的相互交往从来没有像今天这样频繁。正是在频繁的互动中,那些处于偏僻地区,原本不为人知的少数民族文化开始广为人知并得到发展,这无疑也为文化多元发展提供了条件。

此外,多元文化概念的提出也蕴含了人们对文化的几个基本假设,包括以下几个方面:

第一,文化的差异性。人类文明是由不同的文化组成的,各民族或集团在自身长期的历史发展过程中,通过其独特的生产和生活过程,逐渐确立起自己的文化,这些文化各具特色,表现出多元发展的特性。即使是在同一性质的群体或集团的社会内,由于区域发展的不平衡性,社会各阶层在社会中的作用和地位不同,文化的自我更新、创造、变革的内在机制不同,同一性质的文化在同一社会的不同区域、不同历史时期、不同社会阶层,也会表现出一定的差异性,形成文化的多元化。虽然不同文化在发展的过程中相互碰撞并彼此吸收,但每一种文化都仍然保持着自身独特的魅力与价值。也正因如此,人类文明才显得绚丽多彩。

第二，文化的平等性。多元文化观点认为，社会是由不同的民族与不同的群体构成的，社会成分的多元化决定了文化的多元化。这本身就体现了文化自身的平等性。也就是说，各种文化都有其独特的价值与魅力，相互间并无优劣贵贱之分，各种文化都有平等的生存权与发展权。

第三，文化的内聚性。不同的文化之所以能够共存于一个共同体内，其中的一个重要原因就在于各种文化发现了彼此间的共性，也就是说各种文化之间存在相互借鉴与学习的可能性。从这个角度来说，多元文化的实质不是要突出某一种或几种文化，而是提供处理两种以上文化间相互关系的态度与方法。

第四，文化的交往性。多元文化是指在一个区域联合体、社会共同体和集体群体等系统内共存的，并在系统结构中存在着一定的相互联系的文化。文化间的交流和交往是多元文化形成的必要条件，也是它存在的基础。事实上，人类不同文化之间孤立地存在的时间是非常短暂的，文化之间的交流和交往是永恒的。

(二)多元文化的含义

多元文化一词起源于其形容词"多元文化的(multicultural)"，其他类似的短语还有"多元文化教育""多元文化课程""多元文化社会"等。如前所述，多元文化主义一词出现于美国，后来该词中的"多元文化"得到了更广泛的应用。

事实上，在20世纪五六十年代，多元文化主要指的是两种文化现象：一是指殖民地和后殖民地社会的文化；二是指不同的民族文化，即具有不同社会和文化来源的民族虽然共存，但民族之间以及各民族群体之间的文化特性有着较大的差异。随着人们对文化认识的深入，多元文化的释义有了较大的变化。例如，有研究者认为，不仅殖民地国家存在着统治文化与被统治文化的分别，而且世界上发达地区和国家也存在这种状况；价值体系、思想观念等方面的差异不仅在民族间存在，就是在同一社会地域之间、阶层之间、年龄之间、性别之间、民族之间都存在着这种差异。

由此可见，多元文化是相对于传统的单一文化而言的。以往的文化发展定势是在一定的社会、地域、群体或阶层中存在并发展某种单一文化；多元文化则是指在一个社会、地域、群体或阶层等特定的系统中，同时存在且各自具有独立文化特征的多种文化。多元文化在空间上具有多样性，在时间上具有共时性。

实际上，由于文化本身的概念界定就是一件极其复杂的事情，相应地，对多元文化的理解也就见仁见智、众说纷纭。文化本身有广义和狭义之分，多元文化中的"文化"的含义也就不仅仅是指狭义上的文化概念，而是涵盖了广义的人类文明现象。具体来说，既涵盖了人类的一般生活方式，包括了人类的文化知识内容和教育水准，也涵盖了一定社会、地域、群体中的人的全部生活方式。由此，多元文化也可以从广义和狭义，或者说是宏观和微观两个方面来理解。从宏观上来说，多元文化是指包括人的多种哲学价值观、信仰、法律观念、艺术风格、风俗及行为习惯等的综合体。从微观上来说,多元文化也可以指狭义的文化含义,即专指从人的生活中提炼、升华、积淀出的理性化的高度智慧的东西。

此外,多元文化也可以从地域方面来理解,即它不仅指全球范围内不同民族文化的共存共荣,而且也意味着单一民族国家中的传统文化对其他民族文化的宽容以及必要的吸收。总之,多元文化的含义是多层次的,且不局限于"文化",而且囊括了给予各民族政治、经济、社会、文化等平等权的多重内涵。如果非要给多元文化下个明确的定义,多元文化就是指人类文化的多样性这一现实,以及在这种现实基础上形成的各种文化间的相互关系。而倡导多元文化就是主张文化间的差异与交流,以保持人类文化的多样性和不同文化的共生发展。

二、多元文化的意义与特点

(一)多元文化的意义

多元文化的发展是历史和社会的事实,多元文化对于社会的持续发展具有重要的意义。各种文化如希腊文化、希伯来文化、中国文化、阿拉伯伊斯兰文化以及非洲文化等都深深地影响着人类社会发展的历史进程,并在当今产生持续性的影响。

从历史的角度看,文化发展首先依赖于人类学习的能力以及将知识传递给下一代的能力,而每一代人也都会为当时的时代增添一些新的内容。这些新的内容包括他们从当时的时代社会所吸收的东西以及他们自己的新创造,也包括他们接触到的外来文化的影响。其中,外来文化的影响是文化发展过程中最值得重视也是最复杂的因素。不同文化之间的交流已被多次证明是人类文明发展的里程碑。希腊学习埃及,罗马借鉴希腊,阿拉伯参照罗马帝国,中世纪的欧洲又模仿阿拉伯,文艺复兴时期的欧洲则仿效拜占庭帝国。以欧洲文化为例,可以说,欧洲文化之所以发展到今天仍有强大的生命力,就是因为它能不断吸收不同文化的因素,使自己不断得到丰富和更新。

(二)多元文化的特点

不同的时代,多元文化会呈现出不同的特点。在当今,经济全球化的趋势,政治多极化格局的形成以及信息技术的飞速发展都对多元文化产生了重要的影响,并赋予了多元文化明显的时代特征。

具体来说,多元文化的特点可以归纳为以下几个方面:

1. 多元文化的全球化

全球化的发展与信息化是分不开的,当今社会也是一个信息化的社会。信息化的发展将整个世界联结成为一个巨大的信息网络,无论处于何地,只要被纳入这个信息网络,就可以知晓这个世界正在发生的种种变化。而世界某个局部的社会变迁也可以及时准确地传到全球范围,并产生全球影响,从而大大增强了全球各区域之间的联系。这样,各种文化在传递与交流中取长补短,相互融合,使世界真正变成一个"地球村"。

2. 多元文化的信息化

自第一次工业革命以来，人类文化中占主导地位的便一直是工业文化，而工业文化的核心是机器系统。到20世纪40年代，以电子计算机、人造地球卫星、电视等为核心的信息技术形成一个统一的传播系统，其基本特点是信息一体化，即可以超越时空限制，在全世界范围内准确、及时、综合性地加工、传递、存储信息，从而将人类联结为一个信息整体。可见，信息既是多元文化的载体与介质，也是多元文化的组成部分。

3. 世界多元文化交流与研究的空前发展

由于全球化和信息化的发展，20世纪40年代以来出现了一个跨学科综合研究的热潮。世界上许多文化，如中国文化、印度文化、欧洲文化、日本文化等都有大量的学者进行研究。不仅如此，随着文化交流的发展，生活在异质文化中的人也越来越多。各种文化相互渗透，任何一种文化都会受到其他文化的影响，也都会不同程度地吸收其他文化以求自身发展。

三、多元文化教育的含义

作为20世纪的一个教育概念和教育改革策略，多元文化教育是20世纪具体学科发展和政治活跃的结果。而多元文化教育的概念自提出之日起就引起了广泛的关注。关于多元文化教育的含义，许多教育研究者从不同角度，用不同方式进行了解读与界定。比较有代表性的有如下几个：

第一，多元文化教育是一场精心设计的社会改革运动，其目的是改变教育的环境，以便让那些来自不同的种族、民族、性别与阶层的学生在学校获得平等受教育的权利。

第二，一种明确的多元文化教育哲学的阐述对于学校课程发展过程是十分重要的。多元文化教育哲学认为民族文化多样性和文化多元主义应该是美国教育的一个重要组成部分和不间断的特征。学校应该教育学生真正地将文化和民族多样性作为美国社会标准和有价值的东西而加以接受。

第三，多元文化教育是指在多民族的社会中，为满足各少数民族群体或个体在文化意识、自我评价等方面的需要而进行的一场教育改革运动，其目的是帮助所有不同文化的民族群体学会如何在多元文化社会中积极和谐地生活，保持群体间教育成就的均衡，以及在考虑各民族差异的基础上促进相互尊重和宽容。

第四，多元文化教育要促进文化多样性的特性与价值；促进人权观念和尊重个体之间的社会公平与机会均等；让每个人都有不同生活选择的机会；促进全人类的社会公平与机会均等；促进不同种族间权利分配的均等。

第五，多元文化教育是在多民族国家中，对具有多种多样的文化和民族背景的青少年，特别是对少数民族与移民等处境较差的社会集团的子女们提供平等的教育机会，并在尊重他们的民族及其文化特征的基础上实施教育。

具体来说,多元文化教育必须帮助学生获得在国家主流文化中生存所需要的认识、技能和态度,同时也要有助于培养学生在本民族亚文化和其他少数民族亚文化中生存所需要的能力。此外,所有学生,包括少数民族学生,不论其种族、语言、性别等方面的差别,都要通过多元文化教育来认识和理解社会中的各种文化,包括自身所属的文化,以及具有普遍性的为各民族共享的国家主流文化。

综上所述,多元文化教育指的是教育者在尊重受教育者文化多样性的基础上,不论其性别、种族、民族、语言、社会经济地位,所属社会群体的差别,实施的一种旨在使所有的受教育者享有平等的受教育机会,促进受教育者身心的健康发展,最终促进人类文化发展的教育。

第二章 英语语言文化探析

第一节 语言概述

一、语言的定义

语言是人类社会发展到一定阶段的产物。语言是进行言语交际的一种形式,是一种口头与文字相结合的交际工具。

二、语言的功能

(一)元语言功能

语言也可以被用来讨论语言本身,人们可以用"书"一词来谈论"一本书",也可以用"书"一词来谈论"书"这一语言符号。为了把书面文本组织成一个连贯的整体,作者一般会采用特定的语言来告诉读者将要发生什么。例如:

①All around the town the lion chased the unicorn.

在镇子周围狮子追着独角兽。

②The lion chased the unicorn all around the town.

狮子追着镇子周围的独角兽。

句①是告诉读者狮子在做什么,句②是告诉读者狮子在哪儿,这种顺序的变化就改变了句子的意义。这就是元语言功能的体现,它与系统功能语法中的主位功能相吻合。

(二)信息功能

信息功能又称为"概念功能",它被认为是语言的主导功能。所谓信息功能,是指人们运用语言进行交流与沟通,将自己的思想传达给对方,并用文字进行记录的功能。语言是用来表达内容的,而其中的内容就是发话人在现实中的一些经验,包括自我意识等。语言是为这些内容服务的,因此会把与内容相关的经验结构化,帮助听话人或者其他人形成看待事物的方式。换句话说,如果发话人并没有按照自身的经验进行语言交际的话,那么他必然会耗费更多的脑细胞。

(三)寒暄功能

寒暄功能是一种比较常见的人际功能,交际者经常会用一些简单的、无意义的词或短语

♠ 多元背景下的英语语言交流与实践

来表达人与人的和谐。例如,英语中常用"Thanks!""Sorry!""Bless you!"等词;汉语中用"早上好!""下午好!"等来表示问候,用"好天气!""坏天气!"等来表达天气。但是,如果将这些用于实际的交际中,交际者就很容易打开交际的话题。

需要注意的是,同样的寒暄语在不同的文化中使用的话题方式也是不一样的,一般中国人喜欢放在最开始,美国人习惯在交谈中穿插。

可见,寒暄功能有助于维持人际关系,常用的寒暄话语有行话、方言、玩笑、俚语等。因此,在以后的学习中,我们应该对这一点要多加重视,有助于展开交流。

(四)情感功能

信息功能只占语言的一小部分,而情感功能占据得比较多,是语言最为实用的功能。这是由于情感功能能够改变人的态度和人的行为。例如,当你处于紧张状态时,语言可以缓解甚至摆脱紧张。

一般情况下,感情功能会在表达功能的范围内加以讨论。语言的表达功能很大程度上是具有个体性的,不会掺入与他人交际的东西,这种情况非常常见。例如,某人意识到自己忘记与朋友约会时就会突然喊出"哎呀";被小刀割破了手指时会大叫"唉呦";看到了奇妙的东西时经常会说"天哪"。在英语中,一般会使用"My god."或者"My goodness."等。这并不是在跟其他人进行交际,只是一种意识的反应,有时这不仅仅是一个人的,还可能是一群人的反应。例如,今天是小明的生日,其他小朋友来给他庆祝生日,当一个特别大、特别漂亮的蛋糕拿到桌子上时,小朋友们会不约而同地喊出"哇"。

(五)施为功能

施为功能主要是为了改变社会地位而实施的言语行为功能,这些行为所应用的语言大多是仪式化的、正式性的,如结婚、祈福等。

(六)人际功能

人际功能属于一种社会功能,是语言最为重要的社会功能,人与人之间就是依靠这一功能进行构建与维持的。人际功能关注的是发话人和听话人之间的关系以及发话人对对方说的话所呈现的态度。例如,在称呼上,有些话语方式显示了人际关系中的阶层关系,如尊敬的校长、敬爱的女士等。

语言建立维持社会规则,包括由语言本身造成的交际角色。例如,提问者与回答者的角色是通过提出或者回答问题来实现的,通过此项功能,社会团体被划分,个人也得到了识别和强调,因为通过人们之间的语言互动,自身人格得到了表达和发展……除了称呼之外,身份的表达也与人际功能密切相关。例如,在观看篮球比赛时观众的呐喊声,公共集会中的口号等都可以表明身份问题。这一身份包含以下几个方面:

①伦理层面,包含阶级、阶层、社会角色等。

②地域层面,包含方言、口音等。

③心理层面,包含个性、智力、谈吐等。

④生理层面,包含性别、年龄、声线等。

可见,人际功能包含的内容十分广泛,经常会涉及不同的术语,而寒暄功能、感情功能、施为功能等其实都会包含人际功能的某些层面。

(七)娱乐功能

娱乐功能应用的范围是比较小的,因而常常被忽略,但是并不能否认其所具有的意义。例如,当婴儿玩耍时,他们往往会发出声音,很多时候这些声音是没有任何意义的,就是为了表达他们玩耍时的快乐,用语言的节奏来控制玩耍的节奏。

另外,歌曲或者歌剧吟唱也能更好地体现出语言的娱乐功能。在中国的少数民族中,对歌是比较常见的,一名歌者以短歌开头,然后对方就会运用相同或者相似的韵律或者节奏进行吟唱,相当于一问一答的形式,而且这种对歌一般持续的时间是相当长的,这就是为了娱乐。

三、语言的分类

语言可依据不同标准进行分类。以表达方式为标准,语言一般可以分为两种:内部语言与外部语言。

(一)内部语言

通常来说,内部语言包括下面两种:

①不发出声音的个人内在语言活动,如沉思、默读、默诵时使用的语言。

②个体的自问自答,不发生语言的交流活动。

由于内部语言特殊的使用情况,其最大的特点是隐蔽性。

(二)外部语言

外部语言通常包括书面语言、独白语言和对话语言等三种。

1. 书面语言

书面语言是指以文字的形式通过写或读作为传播方式的语言。书面语言是人们用来表达思想观点的主要语言形式之一,通常具有正式性、规范性和计划性三个特点。

2. 独白语言

独白语言是文学作品中人物语言表现形式的一种。独白语言是个人进行的,用来抒发感情和表达思想的语言活动。

独白语言具有以下几个特点:

①独白语言一般是有准备、有计划进行的语言活动。

②独白语言的内容一般为人内心的情感或思想表达。

③独白语言是个体独自实施的语言活动。

3. 对话语言

对话语言是指两人或是多人通过口语表达的形式直接进行交流的语言活动,如聊天、演讲、座谈等。

一般来说,对话语言具有以下几个特点:

(1) 合作性特点

对话语言是一种反应性语言,为了达到交流和沟通的目的,对话语言需要体现合作性的原则和特点。

(2) 直接性特点

对话语言是对话双方或是多个人之间直接进行交流时使用的语言,不受时间和空间的限制。

(3) 简略性特点

对话语言一般使用的是口语化的语言,属于非正式语言,因此对话语言注重简洁明了、言简意赅。

四、语言的特点

语言是人类特有的一种交流方式,其特点主要体现在以下几个方面:

(一) 创造性

语言的创造性又称为"能产性",这一特点来源于语言的双重性。语言能够产生无数新的意义,可见语言非常复杂。无数的例子可以证明,语言能够通过新组合、新方法来传达新意义,并被他人接受。

如果把语言只当作一种交际工具,那么人与动物都可以用来交际。但是需要注意的是,人类的语言具有独特的创造性,这些在鸟儿、蜜蜂、蜘蛛等任何动物上都是不存在的,它们只是会传递信息,但是不会创造信息。人类的语言通过不断组合创造出以前没有听到过的任何新的句子。可见,创造性是人与动物明显的区别。

从某一意义上说,语言的创造性还表现在它可以制造无穷无尽的句子。例如:

Tom who is a naughty boy is playing football which is unsafely when...

上面例句可以根据需要无限制地增加定语、状语等。

(二) 双重性

语言的双重性又称为"二重性",是指语言具有双重结构,即底层结构和上层结构两种,而这两种结构的存在造就了语言的双重单位——音与义,并形成了自身的组合规则。

粗略来说,语音是话语的组成元素,但是语音本身不能传达出意义,语音的唯一作用就是用来构词,使词具有其自身的意义。可见,音作为底层结构是没有意义的,而词作为上层结构却有了明确的意义。

语言的双重性只存在于既有元素,又有与它们组合而成的单位这样的一个系统之中。需要注意的是,动物的上层结构虽然存在意义,但是并不能再分成更小的元素。这就是动物与人的结构差别,因此动物的语言并不具有双重性。

此外,谈到双重性还不难发现语言的等级性特征,例如,人们无意间听到有些人用自己听不懂的语言进行交际,虽然他们的语言听起来非常流畅,但其实没有任何一种语言的语流是能够连续不断的。为了能够表达出中间离散的意义,交际者就必须运用离散单位,而这些单位能够帮助他们去找到新的语言解码。语言解码往往需要从语音开始,语音本身无意义,而众多的语音组合在一起就形成了片段——音节。音节可以是话语中的最小单位,如前缀、后缀等,这些音节相互集合就造就了成千上万的词,继而构成无数的句子,最后形成篇章。可见,语言是一层层递进的。

通过分析不难发现,语言的双重性造就了无数的语言,使语言具有了能产性。

(三)移位性

语言的移位性又可以称为"不受时间控制性",是指语言既可以描述当前发生的事物,也可以描述之前或者以后将要发生(不在现场)的事物,它超越了自然事物的阻隔,因此即使距离比较遥远,也能够沟通顺畅。这就是人们在交流中既可以提及曹操、孔子、孟子、秦始皇,也可以提及北极、南极、北美洲等的原因,因为语言是不受时间、空间限制的。

当发生利害关系时,大多数动物都会做出反应,这是刺激的作用。相比之下,人类与动物有明显的区别,人们并不会受刺激的控制。从某种程度上来说,蜜蜂的舞蹈可以展现移位性,因为它能够指代食物的来源、告知伙伴的方位。可见,语言能够让人们谈及未曾发生或者已经发生的事物或者现象。

总之,语言的移位性其实是赋予了人们想象力和抽象性。当词指代某些具体的事物时,这些词并不会出现在形象化的语境中,如果交际者谈到并非现在的事物时,就需要理解这些词的"非实体"概念。

(四)任意性

语言的任意性是指符号与能够指代的事物和所指代的事物之间的关系是任意的,即每一个词素的音义关系并不是有意设计的,而是任意形成的。语言的这种任意性有不同层次。

1. 语素音义关系的任意性

在英汉两种语言中,拟声词是比较常见的。拟声词是指词的发音和其所指代的声音基本是相似的。例如,汉语中的"砰砰""叮咚""嘘嘘""嘎嘎""滴答""哗啦啦""咩咩"等,这些词语的形式以天然为基础。但是,在英语中,描写同样的声音用的词语却相差很多或者说是完全不同。例如,汉语中的狗叫是"汪汪汪",而英语中则为 wow wow。

拟声词和任意性是可以同时发生的。例如:

The murmurous haunt of flies on summer eves.

夏日黄昏嗡嗡的蝇群。

本例出自济慈(John Keats)的《夜莺颂》(Ode To A Nightingale)。在这个句子中，murmurous与整个句子的意义有着必要的联系，这并不是来自这个词的本身，而是 murmurous 与 summer 和 eves 之间的意义联系。如果将 murmurous 换成是其他的词，如 murderous，意义就发生了改变，就很难建立起联系了。因此，只有明白意义，才能明白这个词的应用是否合适。

2.句法层面上的任意性

功能语言学派认为，语言在句法上并不是任意的。所谓句法，就是按照一定的规则来构建句子，其中的句子成分都是按照一定的语言规则进行排列的，分句的前后次序和事件真实的顺序有着一定的对应关系。换句话说，句子的任意程度低于词语，尤其体现在下面的顺序关系中。例如：

①They stand up and go out angrily.

②They go out and stand up angrily.

③They go out angrily after they stand up.

很多人认为，①是正确的顺序，②不符合逻辑。但试想一下，如果第二个人是坐着轮椅出去的，然后生气地突然站了起来，那么这个句子也是正确的。③运用 after 调换了句子的顺序，因此它们并不是很随意的。但是，功能语言学派又指出，语音单位中还是存在着某些任意性，如 fish 与 dish，pin 和 bin 等。

(五)文化传递性

动物的语言信号是遗传下来的，而人类的语言信号是教与学获得的，一般需要在文化的环境下习得而成。脱离了语言学习的环境，即使拥有健全的发音器官，也不能发出准确、合适并且美妙的语言。这里有一个特别著名的例子——狼孩，狼孩因为从小就与狼生活在一起，虽然具有人的器官特征，但是丧失了人类的语言功能。

第二节 语言与文化的关系解析

文化是语言发生的环境，语言是文化的载体，是文化传播的工具。可见，文化与语言是相互依存、相互影响、密不可分的。本节就对二者的关系进行具体分析。

一、语言对文化的作用

从本质上来说，语言是文化的产物，是文化独特而重要的部分，因此语言实际上承担着文化的功能，具体体现在以下两个方面：

(一)语言反映文化

语言是一种记录、表达的符号，它可以表达人们的态度、思维、信念、认识等。可见，语可以反映文化,具体涉及民族心理、风俗习惯以及生存环境等层面。

1. 语言反映民族心理

语言是文化的载体,因此也是民族文化的载体,它可以反映民族心理。这个民族心理主要包含伦理道德、价值观等。在中国的伦理道德中,比较重视亲属关系,尤其是对关系的称谓特别注重。例如,汉语中的"嫂子",是指兄长的妻子,而且将长嫂比作母亲,表达对"嫂子"的尊重。但是,英语用 sister-in-law 来对其进行翻译,实际上这是不对等的,因为英语中的 sister-in-law 兼有"嫂子"和"弟媳"两个意思,这可以看出英语国家是从法律角度上看待亲属关系的民族心理。

2. 语言反映风俗习惯

风俗习惯是特定群体在社会文化内共同创造和遵守的行为规范,简单来说就是一种社会文化的现象。这些风俗习惯主要体现在礼仪、生活方式、婚姻传统、习惯、信仰等方面。

3. 语言反映生存环境

文化的形成会受到生存环境的影响,这是不争的事实。不同的生存环境造就了不同的地域文化,反映在语言上就是有不同的表达形式,并且这些表达往往是非常固定的。从宏观上来说,这些生存环境主要包含物质环境、地理环境、自然环境等,如海洋、船舶、动植物、气候、天气以及物产资源,并由此形成了一些习语。

(二)语言影响文化

1. 语言相对论

语言相对论也叫"弱势理解",是指语言反映着人的态度、思维方式以及信念等。这和决定论相比就弱化了很多,语言不再是决定的作用,而是影响的作用。因此,如果语言不同,那么它的思维方式也会存在着某些差异。

2. 语言决定论

语言决定论也叫"强势理解",是指语言决定着人的态度、思维方式以及信念等。如果语言不同,那么思维方式也就完全不同。

这一假说引发了很大争议,支持者和反对者都提出了相关的证据,关于这一假说的正确性至今并没有一个权威的说法。但实际情况是,随着人们对语言学研究的不断深入,现今已经没有多少人可以完全接受"语言决定思维方式"这一论调,但是"语言影响思维方式"这一论调还是受很多国内外学者追捧的。总而言之,人们既不能完全接受这一假说,又不能全盘否定其正确性,人们可以探讨的是这一假说在某种程度上的准确性。

二、文化对语言的影响

文化是语言活动的环境,因此文化因素对语言有重要的影响作用,主要体现在以下三个方面:

(一)文化是语言词汇的象征意义的来源

词汇是语言的基本结构,每一个词汇都有其自身的概念,而一种语言中蕴含的词汇往往会反映出这个语言民族的文化环境。可以说,词汇对人类认识客观世界以及赋予人类世界的意义非常重要。词汇的意义分为概念意义和比喻意义。概念意义也称为"本义",能够反映客观事物的特征;而比喻意义也可以称为"指称意义""引申意义"或者"象征意义",这种象征意义的存在主要是源于文化存在。由于各个民族文化的差异性,导致对待同一种事物而产生的认识也会存在差异,甚至截然相反。中国的"龙"与英语的 dragon 就是很典型的例子。在中国,龙是尊贵、威严的象征,如"中国龙""龙凤呈祥""龙的传人""望子成龙"等,但是在国外,dragon 被认为是邪恶的,也被认为是相互争斗的根源,可见不同的文化代表的词汇意义也不相同。

(二)文化是语言形成和发展的基础

文化是语言形成和发展的基础,没有文化,语言也就不会存在。语言是不能脱离文化而独自存在的,也不能脱离整个社会延续下来的观念和做法。语言在很多层面上都会显示出文化因素,如句法结构、谋篇布局、词汇意义等。可以说,语言其实是文化的行为。

(三)文化是制约语言运用的决定性因素

语言的运用受到很多因素的制约,其中文化是决定性因素。众所周知,语言的运用受到语境的影响,语境是语言生成和理解的先决条件,而文化就是语境的最主要部分。文化的决定性作用可以避免语言实际运用中的很多问题,如语言误解、语言冒犯、语言无礼等,主要表现在以下两个方面:

1. 语言受相同文化背景的影响

在汉语中,虽然有着相同的文化背景,但是也存在着语言的差异性,尤其体现在名讳上,如嫦娥,原名恒娥,是为了避讳汉文帝而做的修改,这样的例子在古代的名讳中有很多。

2. 语言受不同文化背景的影响

文化与语言二者是相互影响、相互制约的。从一个方面来看,语言是用来传承文化、记录文化以及反映文化的,如果有个别的民族在发展中失去了自己的语言,即使他们的文化可以用其他的语言来进行记录,但是文化中的大部分内容也会随着语言的消失而逐渐消失。因此,语言是文化的重要组成要素。从另一个方面来看,文化也会影响语言的发展,文化的动态性会导致词汇、语法的变化。文化可以创造词汇、语法,同时这些词汇、语法也记录了当时的文化,并且能够反映当时的文化特征。总之,文化影响语言的结构和含义。

第三节 英语语言内涵

英语属印欧语系,源于与欧洲大陆隔海相望的英国。印欧语系是世界上最大的语系,包括欧洲、美洲和亚洲地区的大部分语言。世界总人口中,有一半以上的人讲印欧语系的某种语言。英语属于印欧语系的日耳曼语族。日耳曼语族是一个比较大的语族,分为三个语支:①东日耳曼语支,主要以现已绝迹的哥特语为代表;②北日耳曼语支,主要以古北欧语为代表,包括今日的挪威语、冰岛语、瑞典语和丹麦语等;③西日耳曼语支,包括低地德语、今日的荷兰语、高地德语、英语、弗里西亚语、佛兰芒语等。因此我们常说英语属于印欧语系的日耳曼语族的西日耳曼语支。

英语是联合国正式语言和工作语言之一,是当前世界上应用最广的语言之一,全世界说英语的人数仅次于说汉语普通话的人数。世界上讲英语的人数不仅仅局限于以英语为母语的人数,还应该把那些生活在世界各地把英语当作跨地域交往语言工具的人计算在内,还应包括那些出于政治、商业、科学或其他目的而学习和使用英语的人。可以说,英语是当前世界上的国际交流语言。

一、英语语言文化

英语语言文化教育是外语教学中不能忽视的一个重要内容,要想全面提高学生理解、运用英语的能力,英语教育者必须充分认识英语文化教学和语言教学的关系,教学过程中,既要注重语言知识的传授,又要充分重视文化教学。大学英语教学中揭示英语语言文化内涵是必要的,只有这样才能提高学生的学习效率,才能达到培养学生跨文化交际能力的目的。

作为世界语言,英语的文化内涵是多元的,既包括外国文化要素,也包括东方文化要素。由此可见,英语语言教学中要充分考虑英语语言文化的多元化对英语教学过程及效果的影响。

二、语言的文化属性

人类文化的发展在很大程度上有赖于语言。语言是文化中最重要的因素,也是使文化得以世代相传的最基本的工具。不少人类学家认为,一种语言往往代表着一种文化,或者说语言是一个国家或地区社会文化的缩影,它是人们思想观念的"直接现实"。例如,英语中描述工商业活动的词汇非常丰富,这说明英美等国工商业很发达。而在许多工业化程度很低的国家,工商业词汇就很贫乏。语言反映着一个民族丰富多彩的文化现象和特征,一个民族的生活方式、思维方式、世界观均体现在该民族所使用的语言中。

人们在交际时,语言中的文化因素与人们头脑中的文化意识相互作用,由此完成交际的任务。文化与语言的这种关系在中英两种文化和中英两种语言的对比中得到了充分的体现。文化具有鲜明的民族性,中英两个民族的人们在风俗习惯、民族信仰、思想观念、历史背景、事物的象征意义等方面的差异会导致语言方面的差异;而此种语言差异亦反映了中英两个民族的文化差异。

♠ 多元背景下的英语语言交流与实践

语言作为一种人们共享的符号系统,是文化的产物,是文化的重要成分,所以从文化角度看,语言承担着重要的文化功能。

(一)语言影响文化

1. 语言是文化的基础

由于语言或词汇受文化的影响,所以用于表达的语言或词汇也必定深深打上了该文化的烙印,附带有其文化的含义或引申意义。正是借助语言,文化的各个组成部分——政治法律、教育、风俗、习惯、宇宙观、艺术创造、思维方式等才得以薪火相传,代代不息。

2. 语言促进文化的发展

文化是语言发展的动力,反过来语言的丰富和发达是整个文化发达的前提。

如果没有语言记载祖先的知识和经验,后代人一切都要从头做起,社会就会停滞,更谈不上文化的发展。如果没有语言作为桥梁,各个民族之间就无法交流。人类就不可能相互吸收先进的知识和经验,这同时也会影响社会的发展和文化的进步。

(二)语言反映文化的差异

语言是文化的镜子,它直接反映文化的现实和内涵。一个文化的面貌可以在语言中得到体现。特定社会的语言是这个社会文化的组成部分,每一种语言在词语上的差异都会反映使用这种语言的社会的事物、习俗以及各种活动在文化方面的重要特征。词汇是形式和意义的统一体,其意义主要有两大类:指示意义和引申意义。前者是指词汇的字面意义;后者是指词汇的隐含意义,也就是词语的文化内涵。前者较固定,后者则包括扩展意义或联想意义。语言词汇反映并受制于不同国家或民族的政治地理、价值观念、风俗习惯、文化心理和民族信仰等因素。

1. 语言反映不同的生存环境

文化的形成脱离不了自然地理环境的影响,特定的地理环境造就了特定文化,特定文化反映在语言中形成特定的表达。例如,爱斯基摩语中描写雪的词汇有很多,爱斯基摩人用不同的名词来表示"地上的雪""正在落的雪""正在堆积的雪"和"堆积的雪"等,这是因为他们居住在寒冷地带,不同形式的雪对他们的生活(旅行、狩猎、娱乐及其他活动)起着十分重要的作用。而英语中表述雪的词只有一个(snow),阿拉伯国家的语言中根本没有雪这个词,因为那儿不下雪,人们对雪是陌生的。再如,英语习语"sudden as April shower"的意思是"骤如四月阵雨,突如其来"。这在中国人听来一定会怀疑是七八月份的夏雨,而非四月份的春雨。这两种对于四月雨截然不同的认知,是由两国地理位置的差异造成的。中国和英国分别位于东、西半球,中国大部分地区深居内陆,主要是温带大陆性气候,而英国是四面环海的岛国,主要是温带海洋性气候。这就形成了中国的七月阵雨和英国的四月阵雨。

2. 语言反映不同的风俗习惯

风俗习惯是一种社会文化现象,是社会群体经过长期的共同生活而共同遵守的生活习惯和行为习惯。民间的风俗和习俗包括社会礼仪、习惯、生活方式、婚姻传统等。例如,英语习语"let ones hair down"意思是放松,这是来自英国早期的习俗:妇女不管在什么场合中,头发都得往上梳理整齐,只有单独一人时才能把头发放下来,所以"把头发放下来"意思是放松一下。

汉语中"礼尚往来""先来后到""人敬我一尺,我敬人一丈"等表现出中国人的处事态度和行为习惯。再如,中国传统文化崇尚人的社会性,认为人是社会中的一员,是群体中的一分子,人们在人际交往中应该互相关心、互相爱护、互相扶助。

第三章　多元文化下的英语研究

第一节　多元文化下的英语知识

一、多元文化下的英语语音教学

(一)英语语音教学的意义

语音、词汇和语法是语言学科的基本要素,而语音是三要素之首,更是学好语言的基础,对提高语言的整体水平起着关键性作用。

1.帮助学生轻松地记忆单词

语音教学是英语教学的一个重要组成部分。既然有声语言是第一性的,那么,作为拼音文字的英语,其在很多方面,如某些语法现象、词汇、成语,都受着语音的影响或制约。以词汇来说,如果汉语里很多词汇可以"望文生义",英语里就有不少词汇是可以"听音生义"的。在教学中,学生抱怨最多的问题就是记不住单词。他们并没有意识到,良好的发音是有效记忆单词的方法之一。英语的拼写和发音之间有一定的内在联系,是有规律可循的。如果掌握了这些读音规则,则既可帮助我们正确地听与说,又可帮助我们轻松地记忆单词。

2.能够提高学生的听说技能

如果学生能够掌握好语音,既能增强他们学习英语的信心,又能提高他们学习英语的积极性。发音的正确与否,直接影响能否被对方听懂或正确地听懂对方。一个系统掌握了语音理论知识且会运用于实践的学生,既能在自己说(或朗读)英语时熟练运用英语的朗读技巧,会很自然地处理句子中的连读、不完全爆破、同化、弱化等语音现象,又能在听英语的时候对这类语音现象做出迅速的反应,并准确理解其意思。在多年的教学实践中,听学生诉说最多的就是自己的听力水平太低,且难以提高。有些学生甚至因缺乏信心,干脆放弃听力,在考试中靠运气盲目地选答案。他们没有意识到,听力上的困难有时是由于自己不正确的语音造成的。因此在稍快的语速下,学生很难一遍、两遍就听懂。如果学生能够学好英语语音,就能够比较准确流利地拼读单词和朗读课文,顺利地听懂语音材料,自信地开口,这就会增强他们学习英语的自信心。

3.有助于培养阅读能力

对于非英语专业的学生来说,阅读水平无疑是衡量他们英语水平的一个重要手段,也是直接影响其考试成绩的一个重要方面。阅读理解的目的无非是考查学生的语法、词汇知识等综合水平,其中还包括阅读的速度。文字是记录有声语言的符号,如果掌握了这些符号的正确声音形象,在阅读时,所看到的书面符号就能很快在头脑中转换成相应的声音形象。这个转换过程的快慢决定着阅读速度的快慢,尤其是有些学生看文章,有读出声或默读的习惯,如果读都有困难,就更难理解了。

(二)英语语音教学的现状

1. 不重视语音教学

目前在大学英语教学中,部分学校没有意识到语音教学的重要性,不重视语音教学。仍有不少教师认为学生的语音学习在大学之前已经完成了。实际上在大学之前,学生也没有系统的语音知识的学习,由于应试教育的压力,在中小学阶段,语音就没有引起足够的重视,大部分学生的语音基础比较薄弱。基本上很多学生并不能完全正确地拼读出国际音标,也不能说一口流利的英语,在英语听力方面也有很大的问题。学生能背诵语法规则,但不会应用,如果大学里也不重视语音的学习,学生的英语交际水平就不能获得提高。

在实际的语音教学中,教师通常只关注单个音标的发音,对学生的语音节奏、语调、语感等的培养不太重视。学生不能具体深入地了解读音规则,在读英语句子时很容易出现语音错误,很难处理音变的问题,盲目模仿会造成错误的发音习惯,以后很难纠正。

2. 认识误区及方言差异影响语音语调

不少学生对英语语音的学习存在误区。自身不重视语音的学习,认为在中小学阶段已经掌握了语音,在大学阶段主要为了应对考试而进行英语学习。学生们为了能够通过等级考试,通常会花费大量的时间背单词、做题、提高完形填空和阅读理解题的成绩,完全忽视了英语的综合性学习。不重视英语的听和说,忽略语音学习,英语能力得不到提高。

我国领土广大,人口众多,不同地区有不同的方言。由于教师在教学中不够重视语音教学,加上长期受方言的影响,很多学生英语语音底子薄,语调上存在普遍的问题。首先,在单音素发音和单词的读音上存在错误,受长期的母语和方言的影响,很多学生在单音素发音上存在用汉语拼音代替英语拼音的问题,在发音的口型上也不正确,导致英语语音不准确。受汉语的影响,学生在单词读音上经常将重音移位,乱加音,不注意爆破。其次,在语流中节奏和重音上有问题。对于汉语来说,以音节为节拍,但英语以重音为节拍。学生常常不会处理重音,重音的表现力差,没有鲜明的节奏,因此在英语朗读中很难突出中心,大部分学生不会停顿,英语的过渡和连接有问题,没有英语的节奏感。最后,在英语句子的学习中,学生不会把握语调,英语语调模糊单一,不能表达英语语言中的情感,很多学生是机械化的语调,分不出句子的属性。

3. 大学英语语音教学材料的缺乏

教材是学习的重要指引,但是目前我国大学英语教材对语音知识的涉及比较少,不能满足学生的学习要求,也不能进行语音测试。对于非英语专业的学生来说,大学英语的语音教材不多,缺乏综合性和实用性。相关语音教材主要是针对英语专业的学生编写,不适合非英语专业学生的学习。有些语音教材没有对语音知识进行系统的介绍,只是偏向于单音素的发音,学生们很难找到适合自身英语水平的语音教材,不利于语音的学习。

(三)多元文化下英语语音教学

语言是人类交际活动的重要途径。语音是语言交流的载体,如果失去了语音,人们的日常交往、商贸活动、语言教学都将无法正常进行,因此语音教学是语言教学的基础。在语音教学上,每位教师都应该了解英汉两种语言在语音方面的异同,注意英汉两种语音的对比,从而能够预见学生在语音学习中的重点和难点,在教学方法上采取相应的措施,以提高英语教学质量,减少甚至消除母语迁移的副作用。在语音教学中,要把听音—辨音—模仿—正音相结合,反复练习,从而为日后的英语听说能力打下坚实的基础。语音教学的主要方法如下:

1. 多模仿少讲解

语音教学的一个重要内容就是音标教学,而音标教学又是枯燥乏味的,如何使学生对音标学习产生兴趣呢?在语音教学中,"模仿、训练、讲解"很重要。首先,教师应该鼓励学生模仿,不要浪费时间进行解释,在多数情况下,直接的模仿就可以满足需要。在模仿有困难的时候,进行语音训练,利用一些有针对性的语音材料,进行反复操练。语音教学应该是个连续体即"暴露—模仿—训练—讲解"的过程。暴露是指教师向学生呈现真实的语音材料,这种真实的语音材料可能是一种没有引导说明的录音材料,也可能是一种自然的语言场景。

2. 以听为切入点,听练结合

语音教学中,听音是不可或缺的部分。听是语音教学的根本方法。先听音,后开口和听清发准,是语音教学的基本步骤。在语音学习中,要求学生模仿性听,即以模仿为主的听,学生要静静地听,同时在心中默默模仿;在听音过程中还要进行辨音性听,这样可以有针对性地训练学生的辨音能力。当然,语音教学中,光听不行,还要语音操练。在听辨和模仿纯正的语音语调的基础上,反复操练。"如果说听是语音学习的播种阶段的话,那么,练就是浇水、施肥、松土、除草阶段。"在语音操练过程中,要使机械、单一、重复和枯燥的语音操练变得多样、有趣,就要教师发挥创造力,具体可以采用以下方法:①全班重复、小组重复、按列重复、按排重复、对角线重复与单个学生重复;②按座位次序操练和随机点名操练;③打开课本操练和合上课本操练;④每个学生或小组重复两次或三次与重复一次;⑤慢节奏与快节奏操练;⑥中性语调与神秘语调,或调皮语调与得意语调或夸张语调;⑦低音与常音或高音;⑧语音训练与口语训练、听力训练、词汇训练、语法训练相结合;⑨利用语境进行语音训练;⑩利用图片进行语音训练;⑪利用绕口令进行语音训练等。

3. 利用语言的迁移规律,进行语音教学

在语音教学中,要充分利用英语语音和汉语拼音间的相似之处,即汉语拼音对英语语音的正迁移,来促进语音学习;反之,利用二者的不同之处,即负迁移,来避免汉语拼音对英语语音学习的阻碍,也是学习的难点。

4. 循序渐进,加强语流语调教学

语音教学不应是短期活动,而是长期坚持并贯穿于英语学习的全过程。为了保证学生能够形成正确、地道、自然、流畅的语音,顺利地进行口语交流,教师除了进行单音操练外还应采取多种教学方法进行语流语调教学。让学生多听课文标准录音,英语为母语的人士的英语语音材料,特别是英语为母语的人士录制的语音材料中的精品作为听音材料,在精听的基础上,加大多元泛听,使学生掌握其发音规律,达到"耳濡目染,余音绕梁,三日不绝"的境地,如此坚持练习,学生才能突破朗读关,朗读时才能表情达意。

5. 巧用词典,巩固拼读能力,培养自学能力,养成预习习惯

词义可以通过上下文猜测和推断,但是语音不可以,因为很多英语单词的拼读是不规则的。许多单词因为其词性不同而重音不同或发音不同,所以巧用善用词典在语音学习和训练中很重要。在语音学习中,遇到生词,最可靠的方法就是查阅词典。通过查阅词典,让学生学会拼读单词,提高他们的拼读能力;同时,扩大了学生的词汇量,提高了单词的复现率,加大了语言语音的实践量,又能形成良好的语言输入环境和学习习惯,即输入的多,记忆的就多,并且使学生形成在英语的使用中掌握英语的良好学习策略。

二、多元文化下的英语词汇教学

(一)英语词汇教学的意义

要掌握英语必须学会一定数量的英语单词。一个学生掌握词汇量的大小和正确运用词汇的程度是衡量其语言水平的重要标志。在英语教学中学生掌握词汇数量的多少和运用词汇的熟练程度对语言交际能力的培养有着直接的影响。语音、词汇、语法三者相比较,无论从数量上,还是从意义上和用法上来讲,词汇都是最难掌握的。在英语教学过程中,学生抱怨最多的就是英语单词难读、难记、难写,记住了又容易忘记,费时费力且效果不佳。因此,加强英语词汇教学的研究,探索英语词汇教学的新方法,在英语教学中有着十分重要的意义。

(二)英语词汇教学的内容

词汇的掌握,应该从意义、用法、词汇信息和策略四个方面入手。

1. 意义

要理解一个单词的意义,一方面要理解其本义和转义,另一方面要理解该词语与其他词之间的意义关系,如同义、反义、上下义关系等。

(1)本义与转义

①本义

词汇的本义又称"词典意义""所指意义""中心意义",是指一个词形成时人们赋予它的含义或它所指的事物。作为人类语言交流的基础,词汇的本义一般不发生变化。因此,词的本义是最容易掌握的,如 dog 指"狗"。当然,由于中西方文化的差异,英汉词汇也存在不对等的情况,如在英语中父母的兄弟都叫 uncle,而汉语则有着严格的辈分区分,如"叔叔""伯伯""姑父""舅舅"等。

②转义

词汇的转义,即一个词的内涵意义或隐含意义。例如,storm 作为名词的本义为"暴风雨",其本义无论置于何种语境中均不改变,然而其在不同的语言环境中则会出现转义的情况。请看下面例句:

The islanders were warned that a storm was coming.

岛民们已经得到警报,暴风雨即将来临。

But his last words brought on another storm.

可是,他最后的言辞引起了激烈的反响。

Her singing took New York by storm.

她的歌唱在纽约引起了轰动。

根据以上例句,可以发现 storm 还有转义的情况。

总之,要确定英语词汇的内涵意义必须结合一定的语境。另外,根据文化背景来明确词汇的内涵也是很有必要的。

(2)同义、反义、上下义

所谓同义关系,是指两个以上的词在词义之间存在相同或相似的关系,或者同义词的语音和拼写不同,但意义表达相同或相近。例如,answer 与 reply(回答);fatherly 与 paternal(父亲般的);warlike 与 bellicose(好战的);give up 与 abandon,cease(放弃);fallout 与 quarrel(吵架)等。词与词之间相反或对立的语义关系即反义关系,其最常见的形式是反义词。

例如,clear—vague,up—down,come—go 等。

英语中一些词的意义、性质、特征、类型等均下属于某个表示较大范畴的词,如 rose,tulip,carnation 均包含于 flower 中,rose,tulip,carnation 都是 flower 的下义词,同理,flower 则是其他词的上义词。再如:color 的下义词有 black,white,green,brown,purple,orange,pink,blue,yellow,red。matter 的下义词有 liquid,solid,gas 等。

2.信息

词汇的信息主要指拼写、发音、词性、词缀等。

♠ 多元背景下的英语语言交流与实践

词汇的读音和拼写是词汇存在的基础,是各个词汇相互区别的第一要素。词汇一开始就有声音的形式,所以词汇教学的第一步也应该从语音开始。词汇的发音,既是语音教学的范畴,又是词汇教学的范畴。如果学生对词汇的读音把握不准确,那么其词义就会发生错误。因此,讲解词汇首先应从语音入手。

另外,除了发音外,教师要注意将词汇的音与形结合起来,引导学生将词汇的音和形联系在一起进行记忆,从而形成"见形知音,因音记形"的能力。

词缀也是理解词汇信息的一个重要方面。英语词缀主要有前缀和后缀两种,给单词加前缀,可以改变词汇的词义。例如,anti-表示"相反,相互对立";pre-表示"在前,在前面";corn-、cop-、con-、cor-、等表示"共同,一起"。而给单词加后缀,通常只会改变词性而不会改变词义。例如,able 表示"可……的,能……的",-bility 表示"动作,性质,状态"等。

3. 用法

词汇的用法指各类词的不同用法,如搭配、短语、习语、语域等。词汇搭配是英语教学中的一个重要内容。在具体的语境中,一个词一般要与某些特定的词汇搭配。例如,decision 应与动词 make 或 take 搭配,而 conclusion 应与 come to 搭配。又如,allow,permit,consider,suggest 等动词后只能接名词,不能接不定式;有些词组是固定搭配,不能混用,如 go to school,go to bed,不可说成 go to home。

从语域上看,词汇有正式与非正式、褒义与贬义、抽象与具体之分。例如,children 为中性词,offspring 用于正式场合,kids 用于非正式场合。

4. 策略

根据词汇学习的特征,可将其分为调控策略、资源策略、认知策略、记忆策略和活动策略五种。

调控策略,即对整个词汇学习进行计划、实施、反思、评价和调整,以及资源的使用与监控等。调控策略属于元认知策略。

资源策略,即通过接触新词帮助学生增加词汇量的技巧和方法,如利用网络、词典、广告等学习词汇。

认知策略,即为完成具体学习任务而采取的行为和方法,如猜测词义、利用上下文、记笔记等。

记忆策略,即帮助人们记忆的策略,如根据构词法、上下文和分类方式等记忆词汇。

活动策略,即通过课堂上组织活动来运用词汇,如讲故事、写信与他人沟通等。

(三)英语词汇的文化差异

词汇是语句的基本单位,任何一种语言的词汇都反映出使用这一特定语言的民族所特有的文化背景。因此,教师在英语教学中还要强调词汇文化的文化内涵。

1. 词汇形态特征对比

一般来说,语言可以根据其词汇特征分为孤立语、黏着语、屈折语和多式综合语等四种主要类型。在孤立语中每个词只含一个语素,在黏着语和屈折语中一个词通常有一个以上的语素构成,两者之间的差异在于语素之间的结合方式不同。综合语的特点是词缀丰富。语言的这种形态类型差别,对于词汇系统总的形态构成特点对比有着密切的关系。

尽管汉语中也有一些属于综合语的形态成分,但总体而言汉语比较接近孤立语。而英语的词汇形态与欧洲其他许多语言相比,也偏向于孤立型,但与汉语相比却更倾向于综合型。

2. 构词特点对比

对词总的形态特征了解后进入具体的词形态词汇对比分析,简而言之即构词法的对比。

(1) 英语词的构成

派生。在单词前面或后面加上词缀叫派生。加在单词前的叫前缀,加在单词后的叫后缀。前缀都表示一定的意义。例如:appear 出现－disappear 消失,rich 富裕－enrich 使富裕。后缀一般改变词类,而不是改变基本意义。例如-er,-or 加在动词后表示从事某种职业或动作的人,read 读－reader 读者;-ly 用于构成副词,wide 宽广－widely 广泛地。

合成。由两个或两个以上的词合成一个新词叫合成。合成名词,例如:dust＋bin→dustbin 垃圾箱;合成形容词,例如:good＋looking→good looking 好看的;合成动词,例如:white＋wash→whitewash 粉刷等。

转化。由一种词类转化成另一种词类叫转化。转化后的词义与原来的词义往往有密切的关系。例如:calm(形容词)平静的,calm(动词)使平静;good(形容词)好的,good(名词)益处;water(名词)水,water(动词)浇水。

(2) 汉语词的构成

派生。汉语的词缀也是构词成分,但它没有多大的实际意义,是附着在词根上才能起作用。汉语的词缀量少,而且一般一缀一义,十分严格。加前缀,例如:老王、小张、阿爸;加后缀,例如:记者、读者、作家等。

复合。有现代汉语的构词以词根复合法为主,至少由两个不相同的词根结合在一起。从词根与词根间的关系看,复合式可分为联合、偏正、动宾、主谓和补充等几种情况。联合型由两个意义相同、相近或相反的词根并列组合而成,如:途径、骨肉、好歹等。偏正型指前一词根修饰限制后一词根,如气功、雪亮等。补充型指后一词根补充说明前一词根,如立正、扩大等。动宾型即前一词根表示动作、行为,后一词根表示动作行为支配关涉的对象,如司机、动员等。最后还有主谓型,就是前一词根表示被陈述的事物,后一词根是陈述前一词根的,如心酸、胆怯等。

重叠。这种构词方法是由两个相同的词根相叠构成词。汉语中没有严格意义上的形态变化,重叠可以算是一种形式变化,如汉语中大部分动词、一部分形容词可以重叠,例如:看看、想想、高高、干干净净等。

综上所述,英语主要构词法有派生、转化和合成三种,汉语主要有派生、合成、重叠三种。英语派生可用于名词、动词、形容词等词,汉语派生只用于名词。转化法被认为是英语中的一种特别能产的构词法,而汉语是一种孤立语型语言,词的语法功能并不依赖于词尾变化形式,因而汉语中的许多词是兼类的,谈不上转化不转化。重叠是汉语主要的构词法之一,英语则无重叠法。

3. 词汇语义的对比

汉英词汇在意义方面也有很大的不同。词与词之间在语义上表现出来的聚合关系,使我们有可能区分出不同的词汇语义场,并对两种语言中相应的语义场进行对比。这儿要从亲属场、称呼场和颜色场这几个方面简略地来解读一下英汉语词汇在意义方面的不同之处。

(1) 亲属场

在我国,对祖辈人的称谓既有祖父和外祖父之分,又有祖母和外祖母之分,而英美人却无此类的区分,grandfather,grandmother 即包揽。汉语中与父亲同辈的有"伯伯、舅舅"等,英语中一概用 uncle,与母亲同辈的有"伯母、舅母"等,英语中一概用 aunt。

(2) 称呼场

对于称呼,英美文化与中国也有很多不同之处。中国是一个礼仪之邦,对人的称呼向来是用非常尊敬的语气。而英美人信仰观念淡,不会用亲属称呼去称呼家族,尤其是在开放的美国,儿子会直接对父母说"Hi,Tom"或"Hello,Jane"。

(四) 多元文化下英语词汇教学

多元文化下的英语词汇教学,要注意将文化的内涵融入讲解中,主要方法如下:

1. 直接讲授法

直接讲授法就是教师在讲授课文时,可以结合教材内容有意识地介绍与课文内容相关的文化背景知识以及一些文化内涵词。例如,教师在讲授 Myth and Legend(神话与传说)这一篇课文时,可以向学生讲授一些古希腊、古罗马神话故事,并在此基础上引入一些源于古希腊、古罗马神话故事的词汇,如 Trojan horse(特洛伊木马),Achilles' heel(致命的弱点),apple of discord(祸根)等。

为了让学生更加直观、深刻地记忆和理解词汇的相关文化内涵,教师可以借助形象的辅助工具进行教学。例如,播放相关的录像,从而让学生对这些词汇的背景文化有直接的接触、了解,以便真实地了解词汇的来龙去脉,从而清晰地、深刻地认识和理解词汇所具有的文化内涵。

2. 文化对比法

文化对比法是讲授词汇文化差异的一个极为重要的方法。俗话说,有比较才有鉴别。这一俗语同样适用于文化差异下的英语词汇教学。学生只有通过对比,才能发现英语与汉语语言结构和文化之间的异同,才能深刻地理解英语词汇的文化内涵。因此,教师在教授存在文化差异的英语词汇时,应该将语言教学与文化教学结合起来,通过文化内涵的比较来让学生认识英汉词汇所具有的文化内涵的共性与个性。例如,教师在教授lion一词时,可以先提供与lion相关的图片、视频以及文学作品等信息,以便形象、生动、深刻地为学生展现英汉两种语言系统对lion的不同理解。通过这种比较,让学生明白:lion在外国文化中是百兽之王,是威武雄壮的象征,其地位相当于中国的老虎。

教师在教授存在文化差异的词汇时,使用异同比较法可以达到事半功倍的教学效果。因此,教师在文化差异下的词汇教学中应该灵活使用这种方法。

3. 词源分析法

词源分析法特别适用于来自典故的英语词汇。英汉词汇中都有很多来源于典故,因而其文化内涵很难从字面进行理解,必须分析其来源,才能帮助学生进行理解、记忆。无论是中国人还是外国人,在说话、写作时都经常会引用传说、信仰、历史、文学中的人物、事件,即引用典故。因此,这类词汇的教学是英语词汇教学中的重要内容。例如,源自《鲁滨孙漂流记》的Man Friday意思为"得力的助手";源自小说《汤姆叔叔的小屋》的an uncle Tom是指逆来顺受,情愿忍受痛苦、侮辱,在思想和行动上也拒不反抗的人;源自莎士比亚的戏剧《威尼斯商人》的Shylock指贪婪、追求钱财、残忍、不择手段的守财奴。教师在教授这类来自典故的词汇时,首先应该详细地介绍其典故背景,以帮助学生理解词汇的文化内涵。例如:

They have, by this very act, opened a Pandora's box.

他们的这种做法犹如打开了潘多拉的盒子,造成极大的混乱和不幸。

此例中的典故词语Pandora's box来源于希腊神话。传说在普罗米修斯偷到天火给人类之后,主神宙斯为此大怒,并因此图谋报复人类。宙斯把潘多拉送给普罗米修斯的兄弟厄庇墨透斯,并且交给潘多拉一个盒子,将这个盒子作为结婚礼物送给潘多拉的丈夫。普罗米修斯劝告厄庇墨透斯不要娶潘多拉为妻,厄庇墨透斯没有听从他的劝告,娶了潘多拉为妻,并打开了她送的盒子。结果,盒子中所装的"罪恶""疯狂""疾病""嫉妒"等祸患一起飞出,只留下"希望"在盒底。人间从此充满了各种灾祸。从此,"潘多拉的盒子"成为"灾祸之根源"

的代名词。

如果知道这个典故的来源,就很容易理解例句了。不知道这一典故,就很难理解这句话了。因此,教师在教授词汇时有必要分析典故的来源,帮助学生掌握词汇的文化内涵。

4. 案例分析法

案例分析法指教师在课堂教学中,以书面形式把一段由于对词汇的文化内涵缺乏了解而产生冲突的交际过程展现给学生,并要求学生在仔细阅读案例后对交际冲突的原因、后果进行分析。教师在听取学生的分析的基础上,可以从语言与文化、跨文化交际原则等方面进一步阐述造成案例中交际冲突的词汇内涵,从而让学生理解交际过程的来龙去脉,并增强学生的跨文化交际意识。教师还可以要求学生在课后查阅相关资料,以便更好地理解案例中造成交际冲突的词汇的文化内涵,并且要求学生就案例中的某一个词语为代表的一类文化词汇在英汉跨文化交际中所造成的交际冲突写出简明的案例分析报告。这样不仅可以巩固课堂教学内容,还可以督促学生经过自主学习提高跨文化交际能力。

语言和文化是密不可分的,文化差异导致了交际障碍。在教学活动中,教师应该将英语教学与文化教学结合起来,使学生对词汇的理解不局限于表层意思,而是深入地理解词汇的文化内涵。教师在课堂教学中,应该积极采取多种教学策略,加强词语的文化内涵对比,减少词义理解的障碍,使英语教学真正成为有趣、有效的过程,从而保证教学目标的实现。

三、多元文化下的英语语法教学

(一)英语语法教学的意义

1. 语法是句子产生的机制

学习任何一种语言,学生都要不断地记忆各种语言项目,如词汇、短语、句子等,即"项目学习"(Item Learning)。但是,一个人能够记忆的单个项目的数量是非常有限的,因为他还要花费更多的时间去学习其他的语言模式或规则,从而利用已经记忆的项目构成新的句子。这里的模式或规则就是语法。英语语法是一种为学生提供运用已知词汇和自身的创造力产生无数句子的机制。因此,英语语法教学可以为学生提供更多创造语言的机会。

2. 语法知识具有调整的功能

英语词汇只有按照一定的语法规则才能组成可以被理解的句子。对于学生来说,在课堂上他们可以接触大量的语言材料,根据这些资料,他们还可以创造出很多新的句子,但受语言能力的制约,他们在表达句子时常常出现表述不清的情况,此时就应该运用语法知识进行调整,以使句子表达更加准确、清晰。

3. 语法可以解决语言学习中的"石化现象"

如果学生有着明确的学习动机和较强的学习能力,那么他们可以不经过正规的学习也能达到较高的语言水平。但是在语言表达过程中,他们总存在一些问题。

第一,形成错误的语言习惯,难以修正。

第二,语言水平达到一定阶段就无法再提升,出现了"石化现象"。

此时,教师就可以将语法渗透到语言教学中,以改变这种现象。

4.语法教学有利于学生分项掌握语言的组成成分

每一种语言都有着属于自己的庞大系统,而作为语言的一个重要系统——语法,还包含着多个子系统,它是由固定数目的明确规则构成的,所以语法教学必然会减轻语言教学的工作量。在学习语法的过程中往往要将语言进行分解,组织成各自的范畴,从而明确语言教学的各个目标。

(二)英语语法教学的内容

词法和句法是英语语法教学内容的两大方面。词法主要包括构词法和词类。构词法主要涉及词缀、词的转化、派生、合成等内容,而词类则包括静态词和动态词两种。这里的静态词主要指名词、形容词、代词、副词、数词、介词、连词、冠词、感叹词等。静态词并非绝对的静止不变,如名词有性、数、格的变化,形容词有比较级和最高级的变化。动态词主要包括动词以及直接与动词相关的时态、语态、情态动词、助动词、不定式、分词、动名词、虚拟语气等。句法可分为句子成分、句子分类、标点符号三个部分。英语句子的成分主要有主语、谓语、宾语、表语、定语、状语、同位语、独立成分等。从目的上考虑,句子可分为陈述句、祈使句、感叹句、疑问句;从结构上看,句子则包括简单句、复合句和并列句。与句子有关的内容还包括主句、从句、省略句等。标点符号也是句法学习的重要内容之一,此外还有词组的分类、功能、不规则动词等。

(三)英语语法的文化差异

1.词类及其应用方面的差异

从词类方面讲,英语和汉语有不少相同的地方,如英汉语言都有名词、代词、动词、形容词、副词、介词等。但也存在不同的地方,如英语中有冠词,汉语则没有。英语单词的词形会发生变化,而汉语则不会。另外,词类的差异还反映在词的应用上,具体地说,主要体现在以下几个方面:

(1)动词

英汉语言最大的差异之一就是体现在对动词的运用上。汉语动词灵活多变,可单独使用,可连续使用,也可叠用,而英语则不能重叠使用。此外,英语动词受人称、时态等限制,词形也随之而发生变化。翻译时须视情况做出相应的变化。如果在一个汉语句中有两个或两个以上的动词,译成英语时,要么使用动词的非谓语形式,要么加连接词使其成为并列成分,要么使动词变成其他形式,如名词、介词短语等,有时也可省略某个动词。英译汉时则注意把这些句子变为拥有两个或两个以上动词的句子。例如:

①秀才谈书;屠户谈猪

Scholars talk about books, while butchers about pigs.

②Qi Baishi's drawings of crabs are exceptionally good.

齐白石画螃蟹画得特别好。

③A successful ban of the use of nuclear weapons must be preceded by the destruction of nuclear weapons.

要成功地禁止使用核武器,必须首先销毁核武器。

(2)名词

所谓名词就是表示事物名称的词。英汉两种语言中都有名词,这一点是相同的。但是,英语名词词形因单、复数之分而发生变化。汉语名词除"们"为标志的复数外,几乎所有单、复数的形式都是相同的。在汉译英时,要根据上下文做出适当的增补。例如:

①错误和挫折教训了我们,使我们比较聪明起来了。

Taught by mistakes and setbacks, we have become wiser and handle our affairs better.

②不犯错误的人是什么也不干的人。

He who makes no mistakes makes nothing.

(3)冠词

冠词就是用在名词前的限定词。英语里存在大量的冠词,而汉语却没有冠词。

英语的冠词通常分为定冠词和不定冠词两种,分别用 the, a 或 an 表示。定冠词表示特指某事或某人。不定冠词表示泛指。但是定冠词有时也可用来表示泛指。有时用定冠词,有时用不定冠词,有时不用冠词。什么时候用,什么时候不用要根据上下文而定。英汉互译时须根据需要做必要的增删。例如:

①这就是他父亲工作的工厂。

This is the factory where his father works.

②He is the best student in his class.

他是班里最好的学生。

③The earth moves around the sun.

地球绕太阳旋转。

(4)虚词

虚词主要起辅助、联接或移情的作用。英汉这两种语言都有各自的虚词。但较之英语,汉语的虚词要多得多,如汉语有"的""吗""了""呀""而"等,英语则没有与之对应的虚词。而英语的 it 和 there 汉语里找不到对应的词。英译汉时,有时需要增补必要的语气助词,汉译英时则把这些词略去不译。例如:

①You must be in a hurry, or you'll be late.

你得走快点,要不就迟到了。

②What in the world are you doing?

你究竟在干什么?

③It's no use complaining.

抱怨是没有用的。

④There are twenty teachers in our department.

我们系有二十位教师。

2. 句法方面的差异

(1)在句子结构方面

英汉两种语言都存在着无主句,即没有主语的句子。但是相比较而言,汉语中的无主句要比英语无主句多得多。英语的句子一般说来,结构比较完整,在把汉语的无主句译成英语时须加上主语,当然有时也可用被动结构来翻译。例如:

①知己知彼,百战不殆。

Know the enemy and know yourself and you can fight a hundred battles. (加主语)

②剧场内不准吸烟。

Smoking is not allowed in the theatre. (被动)

(2)英语多被动,汉语多主动

据统计,英语中的被动句的使用频率远远高于汉语。在英语中如果不知道谁是动作的执行者,没有必要或不想指出谁是动作的执行者,强调或突出动作的承受者,一般都用被动语态。而在汉语中主动句居多。因此,英译汉时,常将英语的被动结构改为汉语的主动结构以便符合汉语的思维表达习惯。例如:

①We haven't been told about it.

没有人通知我们这件事。

②He appeared on the stage and was warmly applauded by the audience.

他在台上出现,观众给予热烈的鼓掌。

3. 词序方面的差异

从语序方面讲,英语和汉语同属分析性语言,都采用"主语+谓语+宾语"的线性排列顺序,但在运用时仍有许多不同的地方。主要表现在以下几个方面:

第一,英语的修饰语,如定语和状语,其位置比较灵活,可出现在被修饰成分之前或之后,如果修饰语是短语或分句则需要放在被修饰成分之后,而汉语的修饰语无论是词,还是词组或分句都放在被修饰成分之前。翻译时,我们须视情况对这些位置做出必要的调整,以符合英汉两种语言的行文习惯。

第二,为了取得句子形式上的平衡,避免头重脚轻的现象发生,或是为了强调某个成分,英语中往往采用倒装的办法,而汉语里则没有倒装的情况。翻译时,须对这些位置进行调整。

第三，英语句常把判断性或结论性的部分放在句子的前面，汉语则放在句子的末尾。

第四，如果一个句子有几个并列词语，词义有轻重强弱之分，英语的排列顺序是先轻后重，先弱后强，汉语则相反。

第五，汉语和英语都有固定词序的并列结构的词语，翻译时必须根据译文的习惯进行调整。

（四）多元文化下英语语法教学

1. 增强语法意识

当学习者有足够的目标语言的输入时，语言学习就可以发生，这是不言而喻的事情。任何的语言输入如果要想取得效果的话必须是可理解性的，只有被理解的语言输入才能最大可能被存储于长期记忆之中。听力和阅读作为语言输入的主要方式，对语言学习的作用不言而喻。问题是究竟如何才能正确地理解输入的材料？影响正确理解语言的因素很多，比如词汇、句法、语境等，但毋庸置疑，能否充分地理解输入材料中成分间的正确关系，即语法结构，则是我们最终实现可理解性输入的关键。

语法知识的学习应当是大学英语课堂尤其是大一阶段教学的重要组成部分。与中学阶段英语教学不同，它显然不应当再继续孤立地扮演支配性角色，而应同听说等英语技能融合起来。听说能力的培养和语法知识的讲解是不矛盾的，语法教学的目的也是为了更有效地传递说话者的信息，服务于语言技能的培养。

2. 语法教学要有针对性和选择性

大学阶段的语法学习中并不是要求教师把学生初高中所学的语法知识重新教授给学生一遍，这只会引起学生的反感。教师在语法教学中应该有选择性和针对性，可以先通过调查问卷或测验的形式检验学生对语法的掌握程度以及不足之处。重点讲解学生掌握不好或没有掌握的语法，通过语法教学做到温故知新，加深学生的英语基本功，这才能有助于很好地开展听说教学。

3. 把语法教学变生动

大学语法教学的关键是引起学生学习的兴趣。所以教师在进行语法教学时，可选用一些生动有趣、与实际生活相关的句子引出所要讲解的语法知识。其次，教授给学生一些记忆语法知识的有效方法，让学生在头脑中形成一个完整的知识框架，将高中学过的语法点分类串起来，而不是零零散散一盘沙。另外，在语法教学中进行适当的练习可以巩固学生对语法的理解，检验学生是否真正掌握语法知识。

4. 改变语法教学方法

变过去的语法知识讲授为知识讲授与听、说、读、写、译能力培养相结合。这种教学方法，不仅可以活跃课堂学习气氛，调动学生学习的积极性，而且有助于提高教学质量，提高学习效率。语言运用是一种创造性活动,应充分启发学生的创造性思维,使学生的语言能力自然而然地向语言运用过渡。比较实用的教学法如下:

(1)演绎法

在英语语法教学中,教师可根据学生认识和掌握语法规则的过程和语法呈现的方式,采取演绎法或归纳法。演绎法就是由教师先讲解语法规则,然后根据现有的语法规则提出一些例句,接着便可组织学生按照规则进行练习。演绎法的优点是:直截了当、省时省力。

(2)归纳法

与演绎法恰好相反,归纳法是先由教师列举实例,然后师生共同观察、分析实例,接着由教师归纳出定义和规则,最后再组织学生按照规则展开操练。例如,学生在中学时期已经学习了英语形容词、副词的比较级和最高级变化,进入大学以后,随着接触到的英语词语越来越多,他们渐渐发现一些词语的变化并不符合通用的英语语法规则。对于这些英语词语的特殊变化,教师可先呈现包括这些不规则英语的形容词、副词比较级和最高级现象的句子,然后让学生自行归纳出它们的变化形式,比较分析它们与通用规则的异同。

(3)交互式语法教学法

交互式活动一般包括学生之间的互动活动、师生之间的互动活动和人机之间的互动活动。其中,人机互动主要可借助多媒体教室和网络通信技术的交互功能,建立起生生合作和师生合作的机制,有利于为英语语法教学提供更加广阔的空间。下面就分别介绍一下学生之间的互动活动和师生之间的互动活动。

①学生之间的互动活动

教师在设计生生之间的互动活动时,应该根据一定的语法知识,尽量创设一种真实且自由的氛围,以便充分引导和灵活组织学生运用所学的语法知识进入情境,积极展开互动活动。例如,在讲解 might,may,can,must 时,教师应先介绍它们的含义:may 表示"可能"或"可以",can 表示"可能"或"能够",must 表示"一定"或"必须";并说明当用于"推测"时,它们的"可能性",依次增强,即 might－may－can－must。

②师生之间的互动活动

师生之间的互动活动就是教师和学生利用目的语进行有意义的语言交际活动,既有信息交流,又有情感交流。教师不再是传统意义上的知识输出者,而是帮助学生掌握知识的有效促进者。例如:

T:Wang Fang,could you tell me what you were doing at 5 yesterday afternoon?

S:I was sleeping.

T:Were you doing your homework or going over the lessons in the afternoon?

S:No,I was doing neither,and I was sleeping the whole afternoon.

T:Well,we really need a good rest. But you were not studying yesterday afternoon.

Why were you staying in bed so long? Were you not feeling well?

上述对话就将过去进行时这一语法项目融入了学生的真实生活。这些问题极大地激发了学生的交际兴趣,对培养学生的交际能力有重要意义。因此,对于师生之间的交互活动,应注意尽量设计一些有意义的问题,使学生在回答问题的过程中,可以掌握语法知识并应用于实践。

第二节 多元文化对英语教学的影响

一、影响

文化与语言之间有着密切的联系,学生在进行英语学习时,必要的文化背景知识的学习,是提高其英语能力的重要方面。但传统的英语教学中,老师只注重学生语法知识、单词量积累等理论知识的学习,对于英语文化、风俗的学习却十分有限,从而造成学生英语学习时文化层面上的障碍,导致中国式英语的存在。

(一)语音差异使得学生的英语学习存在着障碍

我国的母语是汉语,因而是一个字一个音节;但是在英语中却不是这样,英语中一个词有可能是一个音节、也可能是两个三个,甚至是多音节词,中西语言在音节方面的差异,使得中国学生在学习英语时,其能否正确发音就很成问题。此外,在发音问题上,还有一个很重要的因素是值得注意的,那就是语调。汉语中有四个语调,但是英语的发音规则里却没有单独的区分,这对于学生正确地发音与交流就存在很大的困难,学生不能用中国式的音调来正确表达自己的意思。英语中虽然没有音调的划分,但却有重音,而汉语中却没有,这也是重要的区别之一。因而,在我国的具体英语教学实践中,老师应注意对每个学生音节、重音等方面的培养与训练,注意学生的重音、句子结构等,让学生发出正确的发音。当然,老师还可以开展一些英语活动,让学生进行口语的练习,如学唱英文歌曲、朗诵诗歌等形式,都是很不错的练习方法。

(二)词汇差别使得理解发生分歧

中国与其他国家之间的差异有很多,比如说话方式、问候方式、风土人情等方面都有明显的差别。在语言词汇的学习中,有一些词就表现得很明显,如 freeze 这个词的基本含义是"冰冻""结冰",在一些英语教材中也只介绍这个含义;但是在美国社会里,Freeze! 却是人人皆知的日常用语,是"站住""不许动"的意思。对于这些词汇上的用法,老师应对学生进行必要的训练与扩充,使得学生在具体的英语对话中,能够充分了解其语意,从而更好地与外国人进行沟通。

(三)语法结构与句子构成导致出现中国式英语

如果学生不能充分理解英语句子的构成,那英语写作与阅读能力的提高,将会非常困难。在日常的英语学习中，很多学生由于不能够掌握英语语法与句式，因而出现了很多中国式英语的句子，如 Hours read English every day. My English level high. 这样的句子是用汉语的思维写下来的，它完全不符合英国的表达要求。虽然这只是英语语法表达方面的错误，但究其根源，这是由中西方不同文化特点所导致的，中国学生在中国式思维下，对英语句子进行组合与书写，使得中国式英语现象一直大量存在。因而，在具体的英语教学中，老师应对学生进行外国人思维习惯的培养，使得学生在语法结构与构成方面，能对英语有一个更好的认识，从而保证英语能力的提高。

二、启示

(一) 多元文化教育

多元文化在世界范围内的不断发展对教育研究也产生了重要的影响。多元文化教育的发展走向如下：

1. 促进教育从一元走向多元

纵观人类文化发展历程，经过了一个由文化一元隔阂、到文化多元并存、再到文化多元互动的过程。教育因其与政治、经济、文化的密切关系，面临着新的国际境遇带来的挑战。教育应当成为和平以及国际理解的促进者；教育应当承担起培养年轻一代具有宽容、鉴赏、公平、尊重以及思考自由的品质和责任；教育不仅要宣传文化历史与传统对于当代社会多种文化的重要意义，更要致力于对文化的过程性、连贯性与变化性的理解与把握，促进文化的认同。教育应当成为引导学生尊重与理解其他文化、促进人类文化平等与和谐、推动世界稳定与发展的重要手段。多元文化教育包括了为全体学习者所设计的计划、课程或活动，而这些计划、课程或活动，在教育环境中能促进尊重文化的多样性及增强理解可以确认的不同团体的文化。这种教育能够促进整合和学业成功，增进国际理解，并使其同各种排斥现象做斗争成为可能，其目的应是从理解本民族的文化发展到鉴赏邻国人民的文化，并最终发展到鉴赏世界性文化。

世界各国、各民族自古以来的多元文化教育系统及其实践各具特点，为改进、提高、相互学习借鉴提供了巨大的潜能和丰富的资源，成为教育改革、教育创新的巨大资源库，对这些资源的充分利用，不仅为教育提供了丰富的内容，同时也为教育成效的取得提供了丰厚的沃土。因此，当下的教育应当从多种文化中吸取养分，向学生展示世界不同文化间的异同，并为促进多种文化的生存与发展做出努力。

2. 促进教育从隔离走向理解

当今世界，人类活动范围逐渐扩大，人类社会由封闭、半封闭与隔阂的状态转变为半开放、开放与相互交往的状态，社会经济由地方性、自给自足向全球化转变。历史的进程要求过去的文化孤岛被文化多元所替代，文化的排他性被文化的包容性所替代。不同人类群体间的交流也越来越频繁、密切，文化间的关系由相互疏远到相互接近、由相互孤立到相互依赖。这种世界文化格局及其所带来的文化怀乡的愁绪以及对民族文化的追思，引导人们从一个更新、更高、更远的视角去思考教育所培养的人的品格，去重新审视人类的文化与各民族文化，去建构新的世界文化图景。与此同时，文化人类学的研究成果揭示了文化差异背后的人类的相似性与相通性，为不同文化民族的相互尊重、相互沟通提供了人类学的启示。

文化的变迁要求教育培养的人具备跨越文化边界，与不同文化背景的人进行交流、沟通与理解的能力以及在多元文化场景中的适应力。具体而言，跨文化人才的培养应从以下几方面着手：

第一，培养开阔的文化视界。多元文化教育通过对世界各民族文化的传播，开阔学生的文化视野，让他们了解、鉴赏本民族文化的历史渊源与文化精粹，同时也了解、鉴赏世界文化的起源、发展及精神实质。

第二，树立开放的世界文化观。多元文化教育在传递世界各民族文化知识的同时，还应进行文化观的渗透，培养跨文化意识，让学生不仅具有对本民族文化的深刻理解以及由此而生的民族自豪感和认同意识，而且具有对所有文化的尊重、宽容与接纳的意识。

第三，倡导积极的跨文化情感。多元文化教育的过程，也是一个与本民族文化及世界文化的情感交流的过程。所以，应注重对学生跨文化情感的熏陶，既不沉醉于本民族文化而盲目排外，也不过度羡慕其他民族文化而崇洋媚外，养成自尊、自爱、平等、开放、互尊的文化态度。

第四，提升全面的跨文化能力。多元文化教育要注重让学生掌握文化间对话、交流、理解的能力，养成参与民主决策的社会与政治的能力，提高在多元文化碰撞与冲突的局面下，能够敏锐把握文化动向、调整自身观念与行为的跨文化适应力。教育通过对文化进行选择、组织和重构，使文化得以再生和继承；教育通过对文化进行传递、传播、融合，使原有文化发生性质、功能等方面的变化，衍生出新的文化，带领人类超越器物的束缚和生命的有限而达到精神的自由无限。当代教育被赋予了前所未有的文化重任。通过多元文化教育提高世界文化的发展力是多元文化教育的重要特质和当代使命。

3. 促进教育从封闭走向开放

从全球范围而言，为冲破文化边界的藩篱、为解决文化间的冲突而实施的教育政策经历了三个发展阶段，即由突出种族优越感的同化教育，演化到多种文化并存的多元一体化教育，然后过渡到多种文化互动的多元文化教育。第一阶段的主要特征为种族中心，试图融合全部现有文化，使之遵循一种文化普世原则；第二阶段的主要特征为种族多元，是一种基于对各种文化认可的基础上的文化多元视角的教育；第三阶段的主要特征为种族互动，是一种基于对多元文化关系的洞察基础上的、符合文化发展规律的各种文化间的相互接触、相互渗透、相互影响的教育。多元文化教育的发展历程实际上是社会文化发展的历史脉络以及当代社会的文化间的平等交流、多样化发展的关系的反映,是一个从地区性教育行动到全球性教育行动的演变过程,是一个从文化静态取向教育到文化动态取向教育的转变过程。因此,新的世界局势要求重新审视主流文化教育的出发点与归宿,正视与改正教育中存在的局限性,满足多文化群体的文化需求,保证各种来自不同文化群体的学生能够学业成功。

当前,世界经济文化全球化的进程,使得不同文化间的接触越来越密切,而文化的敏感性也日益加大,文化的多元需要人们用一个超越文化差异的、更高、更大、更远的视角看待文化,需要人们用一个新的多元的视角看待教育,培养具有民主、尊重、宽容、平等、自由、理解观点的世界公民。

多元文化教育倡导跨越地理疆界与文化边界的藩篱,正视由于文化自身的张力而带来的文化交流与碰撞,并将其视为文化多样性发展的动力;多元文化教育立足于对不同文化的相互尊重与交流以及不同文化间的理解与平等对话,强调文化间的互动;多元文化教育通过对跨文化人才的培养,推动世界文化的进步,促进人类和平事业。历史表明,人类只有具备了更广阔、更开放的视野,才能了解世界各民族在时代中相互影响的程度及其对人类历史进程的重大作用;人类也只有具备了全球的和全人类的宽阔视野以及更强的跨文化适应力,才能促进全球范围内各民族的和谐相处与共同进步。

(二)多元文化下英语教学的原则

1. 文化性原则

学生学习英语不仅仅是学习单词及其语法,同时也是在学习语言文化。语言既是文化的一部分,也是文化的重要载体,因此,文化教学理应成为语言教学的重要组成部分。重视文化原则需要教师做到以下两点:

第一,加强文化知识的传授,鼓励学生积极参与实践。教师在强调学生基础知识积累的同时,应该贯穿英语交际能力的培养,注意英语文化知识的传授。例如,在课堂上讲授有关文化的知识,鼓励学生利用课堂、课外进行练习和巩固,积极举办英语"沙龙"活动或进行英语演讲比赛、话剧表演,开展英语讲座、听报告、听广播、看录像等,培养学生在实际中运用语言的能力和技巧,提高学生的听、读、写、说能力,增强学生的知识积累。

第二,利用教材渗透多元文化,提高学生的英语文化水平。在教材的处理上,教师可以结合课本内容,不断拓展、引出相关的文化信息。词汇是语言中最活跃的成分,也是最大的文化载体之一。因此,在平时的教学中,教师应注意介绍英语词汇的文化意义。英语中有许多词汇来自神话、寓言、传说,或是与某些名著有关。了解这方面的文化知识,有助于学生对英语词语的理解和掌握。另外,由于环境、历史和文化的不同,在表示相似的比喻或象征意义时,英语和汉语会使用完全不同的颜色词。

在语法教学中,教师也可以结合多元文化进行讲授。教师可以通过适当的英汉语言对比,启发学生讨论,增强学生的学习兴趣,增加信息量,扩大知识面,帮助学生牢固地掌握英语语法,提高他们运用英语的能力。

２．交际性原则

英语学习的最终目的是使用英语,英语教学的最终目的是培养学生对英语的综合运用能力。因此,在教学过程中,教师要始终遵循交际性原则,以培养学生的交际能力为最终目的。也就是说,要培养学生能够运用所学的语言知识在不同的场合、对不同的对象进行有效得体交际的能力。具体来说,教师在教学过程中需要注意以下几个方面:

(１)正确认识英语教学的性质

教师首先需要认清英语教学的性质。英语教学作为一种技能培养型课程,其教、学、用三个方面构成一个有机的统一体,三者之间是一种相辅相成的关系,其中"用"在这三个方面中处于核心地位。与学习游泳类似,使用英语进行交际的能力是在实际使用的过程中培养出来的,如果只有理论没有应用,就很难达到预期的目标。因此在教学中应时刻给学生锻炼的机会,加强英语使用的力度。

(２)将英语作为一种交际工具来教

英语是一种交际工具,英语教学的目的是培养学生使用这种交际工具的能力。使用交际工具的能力是在使用当中培养的,因此教师要把英语作为一种交际工具来教,而学生要把英语作为交际工具来学,教师和学生在课上课下都要积极使用英语进行交流。

在英语教学中,教师或学生并不是单纯地教知识或学知识,而是通过操练,培养或形成用英语进行交际的能力。教师要尽量利用教具,为学生创造适当的情境,协助学生进行以英语作为交际的真实的或逼真的演习。这样学生不仅学得有兴趣、有成效,而且能真正学到英语的用途,学了就会用。

(３)在教学中灵活创设交际情境

要想让学生具备使用英语进行交际的能力,使学生能够在适当的地点和时间,以适当的方式向适当的人讲适当的话,就应在英语教学中创设情境,开展多种形式的交际活动。众所周知,利用语言进行的交际总是发生在特定的情境之中。情境包括时间、地点、参与者、交际方式、谈论的题目等要素,在某一特定的情境中,某些因素,如讲话者所处的时间、地点以及本人的身份等都制约着说话的内容、语气等。而且,在不同的情境中,同样的一句话也可以表达不同的意义和功能。例如,"Can you tell me the time"这句话可能表示的意思就有两种:一是向别人询问时间,是一种请求的语气;二是可能表示对他人迟到的一种责备。因此,在英语教学中,要把教学的内容置于一种有意义的情境之中,这样才有可能让学生充分理解每一句话所表达的意思。

在一定的情境之中进行的英语教学,还可以使学生身临其境,提高学生学习英语的兴趣。因此,教师在教学过程中要充分结合教材内容,利用各种现有的教具,开展各种情境的交际活动,这样对学生和教学都会产生有利的影响,收到不错的教学效果。此外,教师也可以设计任务型活动,让学生通过完成特定的任务来获得和积累相应的学习知识与经验,需要注意的是,这些活动需要具有交际的性质,才利于交际目标的完成。

(4)结合学生的生活来选择教学内容与活动

在进行英语教学时,现实生活这个因素也是需要考虑的,因为语言总是与现实生活密切联系的。因此,在英语教学中,教师应把语言和学生所关心的话题结合起来,给学生提供足够的、内容丰富的、题材广泛的、贴近学生生活的信息材料。这样的材料由于具有一定的现实性,因此容易使学生产生共鸣,从而调动学生的兴趣,也能促使他们认识到学习英语的目的在于交际,而不是应付考试。例如,在教关于交通工具的词汇时,教师可以联系学生的出行方式,引导学生想想自己每天是如何到学校的。根据学生的回答,如步行、骑自行车、坐公交等导入 on foot,by bike,in a bus 等单词与短语。又如,在大学英语教学过程中,教师可以结合学生毕业后面临的找工作问题,训练学生简历、通知等的撰写能力。

(三)多元文化对英语教学的启示

1.激发学生对文化差异的学习兴趣

学生无论学什么,只有在自己真正感兴趣的情况下,才会充分发挥自己的主观能动性。学习英语也是如此。因此,在传授跨文化知识时,培养学生对文化差异的学习兴趣是英语教学必须考虑的一个方面。教师只有不断地改进教学方法,增加新的教学内容,将趣味性贯穿于教学过程之中,才能调动学生的兴趣,激发学生学习的热情。

教师可以通过教学方法、教学内容的对比激发学生学习文化差异的兴趣。介绍文化背景,比较文化差异,最好的方法是透过语言看文化,通过所学的语言材料了解其中所含的民族文化语义。通过这种方法,教师可以把枯燥无味的词语解释、语法讲解等变得形象生动,使学生在活跃的气氛中不仅学到了英语语言知识,还领略到了英语民族文化,更重要的是能引起学生对文化差异的学习兴趣。教师是教学的主导者,而学生是教学的主体,在教学中处于中心地位,教师传授的知识最终要由学生加以理解、吸收,而学生跨文化交际的能力主要靠实践来培养。英语教师应根据教学内容和学生特点,在课堂上采用灵活多样的教学方法和教学手段,并帮助学生树立坚持不懈、持之以恒的英语学习态度。在培养学生的学习兴趣的同时,教师还应当帮助他们养成良好的学习习惯,也就是教会学生学习方法。如果学生只会整天抱着课本死记硬背,则很难掌握实际的英语交际能力。教师在教学中一定要结合具体教学对象的学习实际采用行之有效的教学方法。英语是一种工具,英语学习是一个漫长的过程,文化信息需要日积月累,并且只有通过持之以恒的学习和大量的实践训练才能做到活学活用,形成驾驭英语语言的跨文化交际能力。

英语教学要把讲解语言知识和介绍文化背景知识、比较中英文化差异有机地结合起来,充分发挥文化背景在教学中的积极作用,培养学生对文化差异的敏感性。

2.培养学生的跨文化意识

跨文化意识作用十分重要,因此教师在教学过程中必须重视对学生跨文化意识的培养。

♠ 多元背景下的英语语言交流与实践

在英语教学中,教师要充分利用现代化的教学手段,介绍英语国家文化背景,让学生最大限度地接触一些英美本土文化信息。

对跨文化的敏感性主要来自两种途径。一是直接途径,也就是通过在外国文化中生活、体验的方式来获取文化信息,培养对异国文化的敏感性。这对我国国内学生来说显然不可能。因此,我国英语教师可以采用另一种途径培养学生的跨文化意识,即间接途径。间接的方法有很多,包括课堂学习、课外阅读、收听英美广播、观看一些英文图像资料等。但是英语课堂教学毕竟具有一定的局限性,因此通过课外学习活动是培养学生跨文化意识的有效途径,教师应该鼓励并指导学生开展形式多样的课外学习活动,特别是要借助于先进的现代化教学手段,加强学生的语言听说训练,直接在英语学习中给学生导入一些英语文化背景知识。教师应该鼓励学生观看英文原版电影、录像。由英语国家本族人所演绎的英文原版电影、录像都具有浓厚的英语文化气息,因此,通过观看英文原版电影、录像是提高文化差异敏感性的一种非常有效的手段。对缺少英语语言环境的我国英语学习者而言,最大的困难就是从课本里学来的英文知识往往与现实生活中的语用实际脱节,而观看英文录像不仅可以扩大词汇,增强听说能力,还能从中学到很多文化知识,在动态的电影录像情景中,往往会让他们对外国文化更容易理解,印象也更为深刻。

3. 增强学生的跨文化感悟力

通过文化差异的比较,学生会在头脑中形成一种潜在反应能力,这种能力就是通过语言这一载体对英语所反映的文化内容的综合性的理解能力,也就是我们常说的文化感悟力。

在英语教学中,教师应注重对英语国家文化背景的介绍,使学生了解英美等国家的文化,通过比较英汉文化的差异,让学生明白不同的语言以及语言背后的不同文化,学会在适当的场合用适当的英语表达自己的思想,实现培养和提高学生运用英语在跨文化语境中正确交流的能力。

增强学生的跨文化感悟力,需要教师引导学生接触、理解文化差异。教师可以在课堂中教授文化知识。教材中有不少关于英语国家的生活方式、行为规范、价值观念、历史地理、文化艺术、风土人情、传统习俗等方面的对话和课文,教师应该让学生注意这些文化知识,增加学生对英语国家文化的感悟力。外语教师还可通过指导学生开展课外活动学习外国文化知识,如带领学生多读一些英语报刊、多听一些英语广播、多看一些原版影视资料来广泛接触和逐步丰富英语文化背景知识,还可以通过指导学生开展英语角、英语晚会、专题讲座以及课外实践活动,使学生在不断接触英语文化的环境中比较中英文化的差异,培养跨文化意识,增强跨文化感悟力。学生增强了跨文化感悟力,就容易理解交际中出现的文化差异了,如一见到 black tea,头脑中立刻明白这是中国人常喝的"红茶"。

总之,只有在教学中充分挖掘课程中的文化内涵,引导学生了解课外英语文化知识,才能使学生认识到中西文化的差异,认识到世界文化的多元化,增强跨文化感悟力,最终形成较强的跨文化交际能力。跨文化意识就是指学生对于外国文化和中国文化异同的敏感程度，以及在语言交际过程中根据外国文化调整自己语言行为的自觉性。跨文化意识在现代的跨文化交流中有十分重要的作用，缺乏跨文化意识往往会造成跨文化交流的失败。值得注意的是，在跨文化交流中，语言上的错误往往容易被别人所谅解，但是由文化差异所引起的错误比语言性的错误更为严重，难以得到别人的谅解。传授文化知识的目的在于培养学生的跨文化意识，使学生能够自觉地按照英语的文化习惯使用英语进行交流。如果忽略或轻视了跨文化意识的培养，就会造成只教授语音、语法规则、词汇这些纯语言知识的局面，从而影响了学生的语用能力，使学生不能正确地运用英语进行交流，不符合英语社会的文化性常规。

第四章 跨文化交际中的语言交际

第一节 跨文化交际概述

一、交际

(一)交际的基本概念

汉语"交际"一词指的是人与人的往来接触。英语 communication 来源于拉丁语 communicare,意为"分享",可供分享的无非是信息,这些信息包括思想、消息、观点、态度等,分享的方式既可以借助于语言,也可以是文字、器物、视觉符号、肢体动作等。

交际的发生首先是自身的需要,同时又需要他人的参与。交际的实现不仅需要信息的编码和解码,同时也表明了信息双方之间的关系。例如,在信息内容不变的情况下,使用不同的语气可以揭示对话双方之间的关系。"麻烦您关一下窗户。""小张,关一下窗户!"第一个情景很可能是两个陌生人之间的对话,第二个情景则可能是上级对下级、长辈对晚辈所说的话。交际不是简单的信息传递,而是一个极其复杂的概念,它涉及信息传递的方式、交际双方的关系、性格、言谈举止等。因此,交际是一种行为,它是人们相互之间有意或下意识的一种信息交换。比如一句话,一个眼神,举手投足之间都能够传递某种信息,这种信息包括需求、愿望、感觉或态度等,其他学者称之为关系。交际的构成要素有:信息、信息发送者、信息接收者。

在交际过程中,信息接收者既可以是信息的主动接受者,也可以是被动接受者。尽管交际能够突破时空的限制,比如网络的普及使得信息的传递在时间上没有延迟,也突破了距离的约束,但是成功的交际仍然需要交际双方共享一定的文化背景,否则就会导致交际的失败。简而言之,交际这个概念的复杂性丝毫不亚于文化,随着时间的推移,对于交际的认识必将获得进一步的深化。

(二)交际的特点

交际具有如下三个特征:

一是符号性。任何交际都必须借助于符号才能进行。

二是交互性。在交际中,信息的传递是一个双向循环的过程,信息的发送者和接受者往往合二为一。一方对信息进行编码和传递后,另一方则做出反应,比如在教师和学生的交际过程中,教师的言语在学生大脑中所激发的思考,这种思考又会导致新问题的提出,从而推动交际向纵深处发展。

三是社会性。交际的社会性,又称情境性,即所有的交际都不可能发生在真空中,而是要与时间、空间,以及时空中所有的存在相联系。

二、跨文化交际

(一)跨文化交际的定义

"跨文化交际"的英语名称是"cross-cultural communication(或者 inter-cultural communication)"。它指本族语者与非本族语者之间的交际,也指任何在语言和文化背景方面有差异的人们之间的交际。通俗来说就是如果与外国人打交道(由于存在语言和文化背景的差异),应该注意哪些问题,应该如何得体地去交流。

1. 从文化和交际角度定义

"交际即文化,文化即交际",两者是相通的。没有交际就难以形成文化,而文化就是在交际中得以存在和发展的。符号学家把两者的关系概括为"文化是冻结了的交际,而交际是流动着的文化",这是非常精辟的。"交际"在英语中可以有两种论述:一是"Social Intercource",强调它的"社会性",一是"Communication",突出它的"交际性"。而"communication"来源于拉丁语"commonis"一词,"commonis"是"共同"的意思。因此,"交际"这一概念与"社会共同""社会共享"密切相关,"社会共同"或"社会共享"是交际的前提。事实表明,只有同一文化的人们在行为规范方面具有共性,或交际双方共享某一文化规范,才能进行有效的交际。跨文化交际是不同主流文化的人们之间的交际,当然要求双方互相理解或遵循对方的文化,只有这样,才能保证交际达到预期的目标。关于交际的本质属性,可以从以下几方面来理解:

(1)有意识行为和无意识行为

在交际过程中,任何性质的符号都可用来交际,除了语言符号,更多的是非语言符号,包括各类行为。这是因为人们的行为有些是有意识的,而有些是无意识的。在社会化的过程中,人们的很多行为是无意识习得的,譬如站立、行走、身姿、手势乃至言语行为等。很多其他行为也同样是不知不觉学会的,并且可能在不知不觉中发生,尤其是非言语行为,如脸红、微笑、点头、皱眉头、伸舌头和眨眼睛等都会在无意识中自然流露。值得注意的是,这些行为一旦被观察或注意到时,客观上就传递了信息,交际也就发生了。研究表明,在正常交际中人们惯常的交际行为是无意识的,或意识性很弱;但在陌生环境中,人们的交际行为有时会是有意识的,或自觉的。这意味着在与文化背景相似的人交际和与文化背景不同的人交际时,交际行为是有差异的。前者往往是无意识的,后者往往是有意识的,至少两者之间在意识程度上有所区别。这也意味着在跨文化交际中产生失误或误解是不可避免的,因为在不同的文化背景下的无意识行为可能与对方的文化规范相悖,而这样的无意识行为一旦被对方观察到,就会被赋予消极意义,从而会产生特定的反应。这一点在跨文化交际中应引起充分的注意。

(2)编码过程和解码过程

交际是一个编码和解码过程,信息交流是一个编码和解码的心理活动。具体地说,编码是把思想、感情、意识等编成语码(如言语或非言语行为以及书面语等符号)的过程;而解码则是对从外界接受的符号或信息赋予意义或进行解释的过程。有效的沟通,只有在发出信息的人和接收信息的人共享同一或相近的语码系统时才能实现,也就是说交际双方使用同一种语言说话。而且仅仅共享同一语言符号系统还不够,交际双方对其他相关因素的理解和把握也许更重要。交际行为是文化和社会行为,它必然发生在社会之中,并受社会众多因素的影响和制约。

2. 从对外汉语专业的角度定义

"跨文化交际"的概念可以这样界定:在特定的交际情景中,具有不同的文化背景的交际者使用同一种语言(母语或目的语)进行的口语交际。

(1)交际双方必须来自不同的文化背景

文化背景的差异是一个宽泛的概念,既是指不同文化圈之间的差异,也是指同一文化圈内部亚文化之间的差异。不过立足对外汉语专业,文化差异主要指不同文化圈之间的差异,尤其是中国和欧美国家的文化差异。因为从跨文化交际的实际情形来看,由于文化背景的差异导致交际失误,容易引起冲突的主要是中国和欧美国家的人际交往。中国同亚洲地区国家,如日本、韩国以及东南亚一些国家的人际交往,虽然也存在文化差异,但要顺利得多,这是因为这些国家与中国同属东方文化圈,彼此之间在文化取向和交际规范方面有很多相通的地方。

(2)交际双方必须使用同一种语言交际

这是显而易见的,假如一方使用一种语言,而另一方使用另外一种不同的语言,交际是无法进行的。但是,既然交际的双方来自不同的文化背景,又要使用同一种语言,那么用来交际的语言对一方来说是母语,而对另一方来说必然是第二语言(习得的"目的语")。

(3)交际双方进行的是实时的口语交际

跨文化交际的途径多种多样。可以是语言符号的交际,也可以是非语言符号的交际,如商品、画报、实物、影像、演出到其他物化形式符号的交际;可以是现场的双向交际,也可以是通过媒介的单向交际,如电视、广播、报刊、广告等传播方式的交际;可以是口语交际,也可以是书面交际,如信函、公文等的来往。从对外汉语专业来看,我们着眼的主要是实时的口语交际,即双方面对面的交谈。此外也包括伴随口语交际而可能发生的书面语交际,即文字传播方式的交际。

(4)交际双方进行的是直接的言语交际

当前国内的跨文化交际研究主要集中在外语教学界。跨文化交际是一门年轻的学科，它是在国际交往日益频繁、全球经济一体化的特定时代产生的新兴学科。在中国，跨文化交际研究是改革开放的产物，是汉语国际推广战略决策的需要。跨文化交际又是一门综合性学科，它是当代社会科学学科综合研究的结果，学科背景主要涉及文化语言学、社会语言学、言语交际学。其中文化语言学凸显"文化"的侧面，社会语言学凸显"社会"的侧面，而言语交际学凸显"交际"的侧面，这三个不同的侧面都围绕着语言符号与非语言符号的"语用"这个核心。正是在这个基础上建立起了这么一门综合性的语言学科。通俗解释在学习英语的过程中有这样一些问题：许多人在语言交流当中有很多障碍，最早的时候沟通障碍在于英语表达不好而产生误解，这是传统的看法。之后，当双方的语言能力都很好的时候，好像就没有交流障碍了，而这其实是一种误解。研究发现，并不仅仅是英语好就能达到沟通的目的。我们过去所说的沟通仅仅是会表达。所以搞外语的人把 Intercultural Communication 翻译成中文叫"跨文化交际"。交际，就意味着用语言进行表达，而在语言表达过程中还有许多沟通上的问题。因为前者更注重语言表达好与不好，而不注重沟通之中对方是否真正理解到了所要表达的问题，所以在某种意义上来说，更倾向于"跨文化沟通"。同时，沟通的目的在于要让对方理解自己要表达的 intended message，即要表达的意思，而不是所说的话。I know what you are saying, but not what you are trying to tell me or what you mean. 而沟通则是在理解 what you are saying 的基础上同时理解 what you want to say。

(二)跨文化交际的主要内容

1. 文化价值观的文化维度理论的研究

文化维度是跨文化理论中最具影响力的一个理论。该研究确定了区分不同国家文化的几个维度：个人主义与集体主义，权力距离，不确定性避让与不确定性容忍。个人主义强调个人所得和个人权利，包括个人的自我决定权利；集体主义文化则强调集体所得和集体权利，包括集体对个人的决定权。权力距离是指一个社会中的人群对权力分配不平等这一事实的接受程度。不确定性容忍高的人们敢于冒险，对未来充满信心，而不确定性避让高的人们则相反。在跨文化交际过程中，对于隐藏在文化深层里的价值观无法回避，人们恰恰是通过了解价值观的不同，来加深对跨文化的理解。

2. 言语行为文化特性方面的研究

不同的文化会产生差异，文化差异反映到语言上就成为语言上的差异。语言是文化的产物，又是文化的一种表现形式，语言的使用要遵循文化的规则。语言使用中表达的直接与间接是文化差异比较明显的特征之一，大体可以分为低语境和高语境国家。低语境国家语言使用比较含蓄隐讳，而高语境国家的人们使用语言比较直截了当。因此高语境环境下的人们可能会认为低语境国家的人们不诚实，而低语境国家的人们则会认为高语境的人们不礼貌,这就产生了交际上的障碍。

3. 非语言交际方面的研究

非语言沟通是指不通过语言在沟通传达信息的过程,这些非口头语言包括语音语调、面部表情和身体接触等方面。

4. 文化对语境的影响

分别研究了在教育、医疗和商业行为的影响。

(三)跨文化交际的表现形式

通常个体对自身文化以外的其他文学作品、艺术作品、建筑遗迹等的欣赏和认识也是跨文化交际的表现形式,跨文化交际的方式可以是直接的,也可以是间接的。古迪康斯特把跨文化交际视为不同群体之间的交往。这种观点同样值得商榷,因为它忽略了个体之间的交往。本书认为,跨文化交际指的是不同国家、不同文化、不同民族、不同个体之间相互交流信息,共同构建意义和身份的过程。

1. 旅游领域的跨文化交际

旅游是普通民众相互接触的最普遍的方式之一,也最容易遭遇文化休克。

2. 贸易领域的跨文化交际

全球贸易的增速发展传达出这样一种信息,即贸易领域对跨文化交际人才的需求将呈几何倍数增长。在跨国企业全球开花的形势下,员工在不同国家之间的频繁流动成为一种司空见惯的现象,而跨国并购谈判同样成为跨文化交际中备受关注的课题之一。

3. 教育领域的跨文化交际

外语教学是跨文化交际较为频繁的一个领域,全球化使得教育无国界的特征愈加显现,迄今为止,留学生或外籍教师几乎遍布我国每一所高校,与此同时,国外高校留学生的人数也呈逐年增长的趋势。这些学生带着本国文化的印记来到一个陌生的国度,势必与他国文化发生碰撞。

三、环境对跨文化交际的影响

任何文化都与本民族的生产和生活现实存在着密切的关联。由于不同民族的发展历程、生活环境、生产和生活方式、生活态度等存在显著的差异性,由此衍生出的物品类型、行为举止、社会规范、思维方式、风俗习惯(包括个人与集体观念、时间观念、权势距离感、信息交流的方式——直接透明还是间接含蓄)等必然有不同于其他民族文化的独特之处。

环境(environment)是指围绕着人群的空间及可以直接、间接影响人类生活和发展的各种自然因素、社会因素的总和。交际环境是指对交际行为、方式、内容和效果产生影响的自然、社会及个人因素。

人们在进行跨文化交际的过程中,环境是影响交际效果的重要因素之一。一方面,交际往往受特定时代、特定氛围的限制,交际者应该尊重当前的事实环境。在谈话的气氛、格调及语言材料和表达手段的选择上都必须适应现实的状况。另一方面,交际的具体时空因素制约着语言表达手段的具体选择和话语模式的确定。

交际环境根据不同的标准可以分为圈外环境和圈内环境,自然环境、社会环境和人物个性环境,高(强)环境和低(弱)环境等。

(一)圈内环境和圈外环境

根据交际范围来分,交际环境可以分为圈内环境和圈外环境。圈内环境和圈外环境是宏观跨文化交际的范畴,既涵盖国家范围内跨民族的交际和民族范围内群体间、行业间的交际,也包括跨国家和跨民族的交际。

所谓圈内环境是指在交际者长期生活的群体范围内与其他个体进行交际所处的环境和氛围。一般来说,在圈内环境中进行交际,交际者享有的社会规范相同,影响交际行为和效果的主要是个人的认知和个性等因素。

圈外环境是指交际者离开原来的群体来到一个陌生的群体环境中进行交际所处的环境和氛围。在圈外环境中进行交际,影响交际行为和效果的因素很多,包括自然因素、社会因素和个人因素,交际者既要了解和适应交际对象的文化,避免触犯禁忌,同时也要容忍因文化差异带来的冒犯与亵渎。圈外环境下的交际往往以文化了解为基础,否则会造成交际失误,甚至失败。

(二)自然环境、社会环境和人物个性环境

按照属性来分,交际环境可以分为自然环境、社会环境和人物个性环境。从现实的角度来看,影响跨文化交际环境的主要是自然环境、社会环境和人物个性环境。

1.跨文化交际的自然物理环境

自然物理环境是人类通过长期有意识的社会劳动,加工和改造了的自然物质、创造的物质生产体系、积累的物质文化等所形成的环境体系。自然物理环境对人们的生产和生活产生一定的影响,如物产的差异及其衍生的生活习惯和观念的差异等。对跨文化交际产生影响的因素主要是时空环境,即交际的时间和空间环境。

交际中的空间环境主要包括交际时所处的位置环境和地域环境。

(1)位置环境

所谓位置环境是指交际行为发生时所处的实际位置,其通常会赋予交际内容一定的含义或者联想。如果不注意位置环境,通常会造成交际的失误。

(2)地域环境

不同民族赖以生活的地域存在地理环境上的差异,因而与之相关的气候、地形、生物以及生产生活方式、社会结构、风俗习惯等自然背景和社会背景也必然存在显著的差异性。

由于不同民族所处的地域不同,不仅会导致物产上的差异,还会形成习俗、规制方面的差异。例如,在海边生活的民族,其物产主要是水产品,其习俗也往往与水有关,如"开渔节"等。生活在草原地区的民族,其物产主要是畜产品及其附属产品,其习俗也往往与牧业有关,如我国藏族在藏历六月(农历八月)举行为期八天的"当吉仁"赛马节等。生活在平原的农业产区,其物产主要是农副产品,其习俗也往往与农业有关,如汉族的"春节",是庆祝上一年的丰收和展望下一年的成就。

交际的形式和内容与人们在一定地域条件影响下的劳动生活和文化密切相关。例如,表达"大手大脚地花钱"这一意思的英文表达是"spend money like water",与英国的岛国环境密切相关;而同义的汉语表达是"挥金如土",与中国的农耕文化密切关联。英国是一个岛国,历史上航海业比较发达,因此,很多语言都与水和船相关。例如,"to rest on one's oars"(暂时歇一歇),"to keep one's head above water"(奋力图存),"all at sea"(不知所措),等等。

2. 时间环境

时间观是人们在长期社会实践中自然形成的。人们的时间观一旦形成,便深深地潜藏在人们思想深处,制约和支配着人们的言行。反过来,一定的言行又反映一定的时间观,人们的言行传递出与时间观有关的信息。

交际的时间环境是指交际发生时对交际方式的选择、交际内容的繁简和交际效果的好坏等产生影响的时间点或者时间段。交际发生的时间点或者时间段对交际产生影响,因此,交际对时间点或者时间段的选择与适应直接影响交际的效果。

3. 社会环境

社会环境是指人类生存及活动范围内社会物质和精神条件的总和。社会环境一方面是人类精神文明和物质文明发展的标志,另一方面又随着人类文明的演进而不断地丰富和发展,所以也有人把社会环境称为文化与社会环境。人类在改造自然、发展生产、创造文明的活动中结成不同的群体,建立了生产关系和社会关系。不同的社会制度、经济状况、风俗习惯、文化背景等构成了社会环境。广义包括整个社会经济文化体系,如生产力、生产关系、社会制度、社会意识等。狭义仅指人类生活的直接环境,如家庭、单位、组织和其他集体性社团等。

社会环境对人的形成和发展进化起着重要作用,同时人类活动给予社会环境以深刻的影响,而人类本身在适应和改造社会环境的过程中也在不断变化。

(1)心理环境

心理环境是指对人的心理产生实际影响的整个生活环境。它是指人脑中对人的一切活动产生影响的环境事实,也即对人的心理事件产生实际影响的环境。

人们的生活环境包括自然环境和社会环境,它囊括了对人产生影响的一切过去、现在和将来的人、事、物等全部社会存在,其中历史传统、文化习俗、社会关系等社会现实,则是更为重要的心理环境。只要有心理的存在，都可能有意识或者无意识地影响人的行为。

中西方的自然环境、社会环境及文化渊源差别很大，因而形成了具有各自特色的习俗。例如，在待人接物方面，外国人在第一次见面时习惯于主动进行自我介绍，办公事时凭名片证明自己的身份，而中国人往往在已知对方身份的前提下才主动进行自我介绍，办公事需持公函或者单位介绍信，分宾主位次落座；在问候礼仪方面，外国人往往以时间、天气等为媒介来问候对方，礼品偏重纪念意义，而中国人往往以关心对方的身体、饮食等个人事务为媒介来问候对方，礼品偏重实用，并强调双数和寓意；等等。

(2) 认知环境

认知环境被定义为人们能够明白的一组事实。这些事实体现为认知环境里的各种元素，包括对物质概念与精神概念的分辨、对具体概念和抽象概念的取舍、对正确概念与错误概念的评判等，共同组成认知主体的总认知环境。

在跨文化交际中，人们总是利用已有的认知来对人们的交际语言或者行为进行正误、优劣等价值性评估，并在评估的基础上做出适当的反应。如果超出已有的认知范围，往往会做出错误的评判，影响到交际的效果。

3. 民族个性环境

一个民族的性格往往是十分复杂的，它的形成与历史、地理、风俗、习惯等多种因素有关，是文化的积淀与传承。每个民族都有其独特的性格特征，如中国人谦逊、美国人大方、英国人矜持、法国人浪漫、德国人勤奋、荷兰人节俭、犹太人精明、日本人谨慎，等等。不同民族的性格往往会对人们的交际行为产生实质性的影响。

第二节　语言要素与跨文化交际

语音、词汇与句法是语言的三要素，三者之中语音对跨文化交际的影响没有其他两个方面那么直接和明显，词汇与跨文化交际的关系最直接。

词汇是记录和反映世界的语言符号，它代表着特定的对象或现象，人们通过词汇来表达对世界的认识。不同的民族由于在自然、地理、信仰及价值观念等方面的差异，对世界的认识也各不相同，并通过语言和词汇系统表现出来，这使得相同的事物在不同的文化中可能具有不同的所指，一种文化的词汇系统不能与另一种文化的词汇系统完全对应，同样的所指反映的可能不是同一事物。因此词汇及其语义是跨文化交际实践与研究的重要方面，理解不同文化之间词汇、语义的差异可以帮助我们进行跨文化交流。

词汇对文化的反映方式各不相同，有的词本身指代该民族特有的事物、事件，如汉语中的"长城""空城计"；有的单词有多个义项，其中的一个义项与民族文化相关，如"牛""红"。前者是与文化直接相关的词汇，后者与文化的关系通过词汇不同层次的语义显示出来。

一、与文化直接相关的词汇

词汇分为基本词汇和一般词汇。基本词汇很稳定,千百年来为不同的社会服务,不同社会中基本词汇的重合度较高,比如"火""人";一般词汇则有较大的灵活性,不同的社会中差异较大,有的一般词汇与文化直接相关,其概念意义中含有明确的民族文化信息和深层的民族文化,特别是古语词、方言词及熟语。古语词常表示该民族历史上或精神层面特有的事物或现象,如汉语中的"鼎""阴阳""生肖";方言词体现不同的地域特征,如四川话的"瓜"、上海话的"侬";熟语是定型化了的固定短语,是特殊的词汇。熟语源远流长,是民族文化长期积累的成果,体现民族的物质文化、精神文化或心理文化的各个方面,各民族语言中都有丰富的熟语,成语是其中重要的一类。成语是人们长期以来惯用的、简洁精辟的定型词组或短句。成语来自神话传说、寓言、历史事件、文人作品、摘录于文人作品中的名句、摘录于文人作品中引用的民间口头熟语,是民族文化的长期沉淀,具有丰富的文化内涵。

二、词汇的语义

语义指的是语言中词语的意义。语义的异同与文化密切相关,是跨文化交际中的重要问题。

(一)指示意义与隐含意义

在日常交往中,词语本身所指称的意义是明确的,称为指示意义(denotation);有的意义却是暗含在词语背后的,称为隐含意义(connotation)。一个词除了具有字面的指示意义外,还可能具有隐含意义。指示意义也称为字面意义、概念意义或明指意义;隐含意义也称为联想意义、引申意义或暗指意义,它是在特定的社会和语境中产生并表现出来的意义。例如,"海"的指示意义是"大洋靠近陆地的部分",隐含意义可以指"连成一片的很多同类事物"。熟语常常通过指示意义来体现民族文化,基本词汇和大部分一般词汇则有所不同,它们常常通过隐含意义来表现文化特质。例如,"海"字的隐含意义还可以是"从外国来的",因此汉语中有"海归"一词指代"在海外留学或工作后归国的人员",四川话的"海椒"一词指代来自外国的辣椒。

由于客观世界的相似性和民族文化的特异性,不同民族之间指示意义相同的词语可能隐含意义不同。例如,"胖"这个词在汉语和德语中的指示意义都是"脂肪多",但在汉语中还有传统和现代两种隐含意义:传统的含有富足的意义;现代的含有形象差、不注重体型的意义,现代的"胖"的意义与德语中"胖"的意义相同。因此,词语的隐含意义与文化密切相关,对一个词的理解不仅要明白其指示意义,还要掌握其隐含意义,并在交际中准确地理解和使用。要特别注意由于文化不同而形成的词汇意义的差异,特别是隐含意义的异同,以保证双方相互的准确理解及交流顺畅。

(二)跨文化交际中的语义差异

语义的差异,特别是隐含意义的差异,对跨文化交际有至关重要的影响。两种语言的指示意义和隐含意义的异同有四种情况。

1. 指示意义相同,隐含意义不同或截然相反的词汇

在不同文化中,同一事物可引起完全不同的联想,在词汇意义上的表现是词语指示意义相同,隐含意义不同,即词汇具有不同的文化内涵或文化意义。比如"乌鸦"一词,在不同的民族语言中具有不同的隐含意义。在汉语中乌鸦代表着不吉利,如"乌鸦嘴"指的是说不吉利的话,然而在很多民族及其语言中,乌鸦代表着吉利,受到人们的喜爱和尊敬。在日本,乌鸦是至高无上的神鸟,也被看作是孝心的代表;在缅甸,很多商店的店名是"金乌鸦"。再如"绿色"在英语和汉语中的含义差异较大,在英语中 green 有丰富的含义,可以指未成熟的、无经验的、易受愚弄的,也可以指面色苍白,有病容,还可以指人精力充沛,其他还可以代指嫉妒、眼红,如 green-eyed。而汉语的"绿色"主要是一种颜色,嫉妒是用相反的颜色"眼红"来表示的,"眼睛都绿了"则是"饥饿""贪婪"的意思。

隐含意义有差异的词汇在跨文化交际中比较常见,在面对不同的文化时要注意各民族对世界的不同认识,并注意其体现在语言符号上的差异。

2. 指示意义相同,隐含意义部分相同的词汇

在两种不同的文化中,有的词在某些方面会引起不同民族的共同联想,而在其他方面却会引起不同的联想,这些词指示意义相同,隐含意义部分相同,其中相同的方面反映了不同民族的物质世界或精神世界中的相同点,不同的方面说明了各民族文化间的差异,即不同民族的文化存在着共性也存在着个性的差异。例如"玫瑰"在中国文化和外国文化中都象征着美丽和爱情,除了这一共同的含义以外,英语的 under the rose 的意思却是"秘密地""私下地""暗中",它源自古罗马故事,小爱神丘比特为了维护其母亲维纳斯的名誉,送给沉默之神哈伯克拉底一束玫瑰,请他不要把维纳斯的风流韵事传播出去,哈伯克拉底收了玫瑰花后就遵守诺言,守口如瓶。

3. 指示意义相同,在一种语言中有丰富的隐含意义,在另一种语言中却没有的词汇

由于受民族文化的影响,一个普通的词在一种语言中常有极其丰富的联想意义,在另一种语言中就可能仅仅是一个语言符号。比如龟这种动物在不同民族语言中有不同的象征意义,在东方文化中具有长寿、吉祥、显贵、神力等多种象征意义,是四灵之一,人们在家中养龟以图吉利,也有龟鹤延年的说法。在英语中乌龟并没有特别的联想意义。再如蓝色在中国文化中没有特别含义,而在英语中则含义丰富,可以指心情忧伤、沮丧。

4. 文化中的词汇缺项

各个民族一般都有自己文化中特有的词汇,它们只存在于这种文化中,而不出现在另一

种文化中,这就是不同文化中的词汇缺项。词汇缺项反映了各个民族独特的物质世界和精神世界,比如儒家"五常"之一的"义",反映的是中国古代一种含义极广的道德范畴,意思是公正合宜的道理或举动。表面上看,似乎与英语中的 justice 对应,但实际上,"义"反映的是一种人身依附关系,平行于儒家哲学中的"忠"和"孝",忠代表国家中管理者与被管理者之间的道德原则;孝代表家庭中前辈和后辈的依附关系;义用来指代除这两种关系以外的兄弟姐妹,社会中不那么容易区分上下级关系的个体之间的道德原则。这种"义"与外国强调个人主义的哲学思想截然不同,难以找到对应的词项。汉语中有很多带有"义"的词语,如不仁不义、见利忘义、假仁假义、背信弃义、成仁取义、大仁大义、慷慨就义、不义之财、春秋无义战、大义凛然等,中国人也喜欢用"义"字作为人名,这反映了中国人的哲学观和道德观。

不同民族在物质生活上的差异很大,这也形成很多词汇缺项。如缅甸有一种洋麻叶菜,缅语称作 khyin baun,这是缅甸人常用来熬汤的酸菜叶,生活在热带地区的缅甸人喜爱这种可以增加食欲的酸味食物,这个词语在其他民族的语言中没有对应的词汇。

以上介绍的是跨文化交际中语义的四种差异。然而,客观世界的相似性与人类思维的相似性决定不同文化背景的人对世界的认识也是相似的,因此不同民族的词汇会出现相同的情况。有的是完全相同,即两种语言中的词汇不仅指示意义相同,隐含意义也完全相同,例如"驴"这个词在汉语和英语中的指示意义相同,隐含意义也相同,都带有"蠢""倔"的含义。还有的情况是指示意义不同、隐含意义相同,如汉语"小菜一碟"和英语 a piece of cake 意思相同,都指的是没有难度的事。

第三节 语法与跨文化交际

语法是组织成句的规则,每种语言都有自己的语法系统。每个社会都会使用某种特定的语言,并遵循这种语言的语法规则。语法规则的差异体现了深层文化的差异。

世界语言数千种,根据不同的标准可以分成不同的类型。根据语言起源发展和谱系分类法,可以分为汉藏语系、印欧语系、阿尔泰语系、乌拉尔语系等十多种;根据构词方式进行分类,可以分为孤立语、黏着语、屈折语和多式综合语四种类型。不同民族的语言在语法上的系统差异体现了各民族文化起源及随之定型的思维方式的差异及认知方式的差异。

一、现实交际中语法及其例子

(一)打电话(Making phone calls)

1.请给某人/某单位打电话

Would/Could/Can you ring up...? 请你给……打电话好吧?句中 ring up 意思是"给某人打电话"。除了用 ring up 外,还可用 call, call up, telephone 等,意思相同。Can you...？用得最普通；Could/Would you...？用在正式场合，比较礼貌。

2．电话拨不通时常说

The line is busy. I can't get through. 电话占线，我打不通。/I'll try again later. 我过一会儿再打。其中 line 指电话线路，get through 指接通电话。

3．电话拨通后相互打招呼

Hello,(name or telephone number)你好,（并通报本人的姓名或单位名称或电话号码）Hello, is that...speaking? 你是……吗？/Who is that speaking/calling? 你是谁？/Who is speaking/calling, please? 你是谁？

应答时常说：

Yes,(this is)...speaking. 是的，我是……

Yes, it's...here. 我是……

4．打电话请对方找人或留言

Is...in/at home? 某某在家吗？

Can/May/Could I speak to..., please? 请……接电话好吗？

Will/Would you give a message to..., please? 请给……捎个口信好吗？

Would you tell him my telephone number, please? 请你把我的电话号码告诉他好吗？

Can/Could you ask...to ring me back, please? 请叫……给我回个电话好吗？

应答时常说：

Hold on/Wait a minute/One moment, please. 请等一等。

I'm sorry...is not in/at home now. 对不起，……现在不在。

Can I take a message? 我可以为你带个口信吗？

Does he have your telephone number? 他有你的电话号码吗？

I'll ask him to call you back. 我叫他给你回电话。

（二）劝告和建议（Advice and suggestion）

第一，You'd better(not)do sth... 你最好（不）做……You should do sth. 你应该做……You need(to)do sth. 你需要做……

第二，Why don't you do sth? 为什么不……Why not do sth? 为什么不……这是以反问的方式提出劝告或建议，含有建议对方去做某事的意思，而不是询问对方为何不去做某事的原因。

第三，What/How about＋名词或动名词...？这种句型表达随便的建议，有征求对方意见的意思，多数情况下是建议和对方一起做某事。

第四，"Shall we...？"这种句型用于建议对方与自己一起做什么，是一种普通的表示建议的方法。它和"Let's..., shall we?"句型可以互换，在回答时，如果赞成这个建议，常用

"Yes,let's..."或"OK. let's..."

第五,用 suggest 作谓语的陈述句。这种句子用于表达比较正式的建议,在会议上和讨论中使用较多,也常用于书面形式,后面常跟名词、动名词或 that 从句作宾语。注意跟从句时,从句中动词用动词原形或 should＋动词原形。

第六,用 Let's 开头的祈使句。这是最普通的表达建议的方法,建议对方和自己一起做什么。let's 后接动词原形。若句尾加上"shall we?""OK?"等用于征求对方意见的词语,从而使语气委婉得多。注意:对对方的建议表示同意时常用的答语为:Great. 太好了。That's a good idea. 真是个好主意。对对方的建议表示不同意,或根本不能满足对方的要求而表示歉意时的常用答语为:I'm afraid that... 我担心……,我恐怕……I'm afraid not. 恐怕不行。

第七,用 should,ought to 等情态动词来表示"劝告"。

第八,用动词 advise,名词 advice 表示劝告。

(三)表示问候(Expressing greetings)

1. 直接问候

①一般打招呼用语,答语通常是重复对方的话。

Hello. 你好！Hi. 嗨！Good morning(afternoon,evening). 早上(下午、晚上)好。

②您好！初次见面打招呼的用语 How do you do? /Glad to meet you.

答语也是:"How do you do? /Glad to meet you."

③对有一段时候没有见面的熟人可选用这些句型:How are you? /How have you been? 你(您)好吗？

答语往往是:"Fine,thank you. And you?"

④向认识但不常见面的人打招呼,可选用这些表达法。How's everything with you? /How is everything going? /How are you getting on? /What's up? 近来怎么样？

答语可用:"Pretty well. /""Very well.""Everything is OK.(一切顺利)""Not too bad.(还好)"。

⑤对于不认识的人,想要叫他(她)停下来时,可选用这些说法:Hey,sir(madam). 喂,先生(小姐)。/Just a moment, sir(madam). 等一下,先生(小姐)。注意:此时不能说:"Hey! you!"

2. 间接问候

①Please give one's(one's 代表不同人称的物主代词,如:my,our...等)regards/best wishes/love to.../Please remember me to sb. 请向某人问好。/请向某人致意。

②"Say hi/hello to...(from me)"意为"向……致意/问候"。这相当于 Please give my best regards/wishes to...(请代我向……问好)的意思。

对于上述问候,其答语为:Of course. /Sure,I will. 等。

(四)感谢与应答(Thanks and responses)

Thank you./Thanks.谢谢！Thank you very much.非常感谢！Thank you so much./Thanks a lot.多谢！Thank you very much indeed.应该好好感谢你！Thanks a million.万分感谢！

I don't know how to thank you.真不知该怎样感谢你。I'm really grateful to you.非常感谢你！That's most kind of you.你心眼儿真好。You're kind！你真好。

如果别人想为你办事,可你觉得不必麻烦他或者别人替你办事没有办成但你还要感谢他,这时你可以说:Thank you just the same.同样感谢你的好意。/Thank you all the same.同样得感谢你。/It's very considerate of you.你考虑得真周到！/It's most thoughtful of you.你想得真周到！

在回答别人的感谢时,常说:You're welcome.不客气。Not at all.没事儿。/Don't mention it.不用了。/It's my pleasure.我很乐意。/No trouble at all.一点也不麻烦。/It was the least I could do.这是我应该做的。I'm glad I could do it.我很高兴能这么做。That's all right.没关系,不用谢。I'm delighted to have been able to do that for you.能为你效劳我很高兴。It's really nothing at all.算不了什么,不用谢。

(五)介绍(Introductions)

介绍某人的常用表达式:

I'll introduce you.我来给你介绍。/I want to introduce...我想介绍……/May I introduce you to...？我把你介绍给……好吗？/I'd like you to meet...我想让你见见……/It's with great pleasure that I introduce...to you.很荣幸让我介绍……给你。/Let me introduce you to...让我把你介绍给……/By the way,do you know...？顺便问一问,你认识……吗？

对介绍的应答:How do you do? 你好！/I'm pleased to know you.很高兴认识你。/Very glad to meet you.很高兴认识你。/Nice to meet you.很高兴认识你。/It's a pleasure to meet you.认识你很高兴。

(六)祝愿、祝贺及应答(Good wishes,congratulations and responses)

1.当某人取得成功时

I have passed the examination！我已经通过考试了。

Congratulations(to you)祝贺你！

2.当某人外出旅行时

Good luck with your trip！祝您旅途平安！Have a good trip/journey.＝I wish you a good trip/journey.祝你旅途愉快。祝你一路顺风。/Good trip to you./Nice journey to you.祝你旅途愉快。Have a nice/pleasant/wonderful time.＝I wish you a nice/pleasant/wonderful time.祝你过得愉快。祝你玩得痛快。

3.当某人生日时

A:Happy birthday to you. 生日快乐!

B:Thank you! 谢谢!

4.当某人即将做某事时

A:I will take the exams tomorrow. 我明天将参加考试。

B:Good luck(to you)!（I wish you success!)祝您顺利!（祝您成功!)

注:上述几点中祝愿(贺)的回答可用:

Thanks. /Thank you/Thanks a lot. 或 It's kind of you to say so. 谢谢。/多谢。/谢谢您。/谢谢您这么说。

5.在公共节日里

A:Happy New Year(to you)! 新年快乐!

B:Thanks. The same to you!（Happy New Year to you,too!)谢谢! 您也一样!（也祝您新年快乐!)

(七)请求允许和应答(Asking for permission and responses)

1.Can I/Could I/May I...?

我可不可以……?

这个是请求对方允许自己做某事的最普通的交际用语,其中 Could I...? 语气最婉转;May I...? 常用在比较正式的场合;Can I...? 用得最广泛。

对于所提出的请求表示允许或同意时,可说:Yes. /Sure. /Certainly. 当然可以。Of course,you may. 当然可以。Yes,do please. 请吧。Go ahead,please. 请吧。That's Ok. /All right. 好的。对于所提出的请求表示不允许或不同意时,可说:No,please don't. 请不要。I'm sorry you can't. 对不起,你不可以。m sorry,but... 对不起,但是……You'd better not... 你最好别……

2.Do you mind if I do...?

这是用来表示"请求许可"的交际用语。句中的 mind 作"介意""反对"解。整句的意思是"如果我干某事,你反对/介意吗?"或"我干某事,好吗?"注意:当我们用"Do you mind if..."时,if 从句中的谓语动词一般用现在时;当我们用"Would you mind if..."时,if 从句中的谓语动词一般用过去时,这时语气更加婉转。应答时,如果表示"允许/不介意",常说:No,I don't mind. 我不介意/我允许。Certainly not/Of course not. 当然不介意。No,go ahead. 不介意,你干吧。Not at all. 一点也不介意。如果表示"不允许/介意"时,常说:I'm sorry you can't... 很抱歉,你不能……I'm afraid... 恐怕……I'm afraid it's not allowed. 恐怕这是不允许的。

3.I wonder if I could/can...?

我想知道我能否……?

这也是用来表示"请求许可"的交际用语。句中的 wonder 作"想知道"解,后面常跟 if 从句。整个句子的意思是"我想知道我是否可以……?"用于委婉地提出请求。应答时,如果允许,常说:Sure, go ahead. /Yes, please do. 可以,请吧。Yes. /Of course. /Certainly. 当然可以。如果不允许,可以说:I'm sorry, but… 对不起…… I'm afraid not. 恐怕不行。No, please don't. 请不要。You'd better not… 你最好别……

二、跨文化交际中语法类型的差异

汉语在谱系上属于汉藏语系,在构词方式上属于孤立语,语素绝大部分是单音节的,句子中的词缺少严格意义的形态变化。比如在"你读完这本书了吗"这个句子中,"你""读""完""这""本""书""了""吗"每个词由单音节语素构成,在句子中没有任何形态变化,名词"书"没有阴性、阳性的变化,动词"读"没有时态的变化,代词"你"没有格的变化,同时,在这个句子中补语"完"、时态助词"了"、语气助词"吗"则表达着丰富的语法意义,因此大多数学者认为虚词和语序是汉语的主要语法手段。由于缺少形态变化,汉语与印欧语言相比在句法上具有两个特征:词组构造与句子构造一致,词类和句子成分不对应。

外国语言属于印欧语系,在构词方式上属于屈折语,有多种表示各种语法意义的词缀,动词、名词、形容词等常可以加词缀使词形发生变化,表示特定的语法意义。比如英语中有表示名词单复数的-s,表示动词时态的-s、-ing 和语态的-ed 等,这些形态不仅是构词的形式,也是使句子成立的语法手段,因此印欧语系形态变化丰富,词类功能比较单一。比如"I have told him."这句话中,I 是主语,形态上是代词的主格形式,told 是谓语,是动词的过去分词形式,him 是宾语,是代词的宾格形式,整个句子的句法成分和词类是对应的。

因此,学者们多认为汉语与印欧语系各语言的差异是形合和意合的对立,汉语重意义、重内容、轻形式;印欧语重形式、轻内容。印欧语以英语为例,英语高度形式化、逻辑化,句子成分必须完整,各种组成部分很少省略,主语更不能省略。而汉语则不注重形式,句法结构不必完整,动词的作用没有英语那么突出,重意合、轻分析,在表示动作和事物关系上几乎全依赖意合。比如"这本书不想看了,太难了"在英语和汉语中所采用的语法手段完全不同,在英语中需要说成"I don't want to read this book. It is too hard.",这个句子主谓宾句子成分完备,各个词的词形变化与它的句法成分一致;而在汉语中第一个小句主语和谓语的语义关系没有表示被动的形式标志,第二个句子则没有主语。因此,王力先生提出汉语是"人治"的语言,是主观的,印欧语系是"法治"语言,是客观的。

三、跨文化交际中的认知与语序差异

不同语言的思维方式差异体现在认知方式上。由于语言具有线性特征,人们说话时只能按照时间的先后依次说出一个一个的音节,因此语言具有时间相似性(tense iconicity),语言成分的次序与物理世界的次序或人们对事物的认识次序相互平行,表现为时间顺序原则、时间范围原则和时空范围原则。

在没有时间或时间状语的并列复合句中,时间顺序原则起作用,"两个句法单位的相对次序决定于它们所表示的概念领域里的状态的时间顺序",比如"我回家拿钥匙",事件的顺序和语言成分的次序是一致的,先回家再拿钥匙。这条原则在许多语言里是一致的,比如英语中这句话可以翻译为 I will go back to get keys,语序与汉语一致。

第四节 语篇与跨文化交际

语篇是大于句子的语言单位,是语言的成品。语篇按照一定的规律进行组织,反映了该民族的思维模式。

一、语篇与思维模式

英语语篇的组织结构具有直线发展的特点,闪族语语篇是平行发展的,东方语言则呈螺旋形发展,罗曼语系的语言与俄语相似,其他语篇模式大多是曲折型的特点。中国人或东方人思维方式是直觉、具体和圆形的,写文章时往往把思想发散出去还要收拢回来,落到原来的起点上,这样话语或语篇结构呈圆形或聚集式;说话时从宽泛的空间和时间入手,从整体到局部,从大到小,由远及近;在向别人提出要求时,东方人总是先陈述原因、背景,以使对方有个思想准备,之后才提出自己的具体要求,而外国人则径直提出要求,开门见山,对原因的陈述可有可无。

二、跨文化交际中的语篇差异

在语言层面,语篇差异表现为文章结构的差异。下面对中文和英文的语篇结构进行异同对比。

(一)中西方语篇对比

在研究汉语与英语的语篇差异时,比较了一个中国学生和一个美国教师的文章,发现这两篇文章的结构和思维方式是完全不同的。先来看中国学生的文章:

Should Students Do Business or Not?

In recent years, doing business is very popular on the campus. More and more college students spend more time doing business. This phenomenon causes a lot of hot arguments. Is it right or not? In my opinion, we can not say it right or wrong directly because the reason is complex. On the other hand, many students do business in order to reduce the burden of their families because their families have no enough money to support them. So their doing business is reasonable. We can not say it is not right. As to those students whose families are not very poor, some of them doing business just want to practice in the society and gain some experience. Earning money is not their main purpose. We can not say it is not right, either.

  这篇文章采用典型的圆式思维，虽然用英文写成，却是汉语篇章结构迁移的结果：首先，文章的答案很模糊，没有在开始处回答问题，与外国解决问题式和演绎式的思维不同，文章在开始处提出问题，但答案模糊"we can not say it is right or wrong"，直到结束。再来看一篇美国人的文章：

Although the New Testament writers used the popular language of their day, they often achieved great dignity and eloquence. Convinced of the greatness of their message, they often wrote naturally and directly, as earnest men might speak to their friends. Although St. Mark's writing was not necessarily polished, he wrote with singular vigor and economy. St. John struggled with the language until he produced sparse and unadorned prose of great beauty. St. Paul, at his best, reached heights of eloquence which some consider unsurpassed in literature. St. Luke, the most brilliant of the New Testament writers, gave US Jesus'Parable of the Prodigal Son. Taken as a whole, the work of these great Christian writers of the first century has a dignity and splendor all on its own.

  这篇文章的结构与思维方式是典型直接式的。文章分开头、正文和结尾三个部分：开头提出观点，"新约的作者们的文笔既会使书受到世人的尊敬，又享有雄辩名声"；正文部分——评论作者，证明这一观点；结尾部分再次重申文章观点。

  (二)语篇差异的相对性

  东方的语篇结构与思维方式是归纳法和螺旋式，国外的是演绎法和直线式，大量的研究材料证实了这一说法。然而，实际情况要复杂得多，并不是所有东方的语篇结构都是归纳式，所有外国的语篇结构都是演绎式。实际生活中西方人也常用归纳法，比如在向对方借钱时，一般会先说明各种情况和原因，再在合适的机会提出要求；东方人也常用演绎法，比如会直接跟熟人提出"我们一起去吃饭吧"。

  语篇结构的跨文化差异是相对的，归纳式和演绎式只是反映了文化的整体定势。在整体定势之外，还必须考虑个体的因素，主要是各种语境因素。语篇作为语言的成品，是人们在具体社会情境中的语言实践。每次实践都涉及各种不同的语境因素，如交际目的、交际对象、交际场合等，语篇的结构方式受这些因素的影响。前面提到的借钱的行为类型是请求，说话人不能肯定对方是否会接受，因此选择归纳法进行表达；而邀请行为发生在关系密切的朋友之间时，无须说服对方接受邀请，因此直接提出想法。许力生对比研究了英语和汉语的语篇，发现总体而言，英语语篇是直线结构，只有极少数非直线的；就具体篇章中的段落而言,有半数全部段落都是直线式的,只有三分之一的段落采用非直线式的。汉语篇章同样如此,既有直线式的,也有非直线式的。但是,汉语篇章中没有一篇是全部使用直线式的,也没有一篇是全部使用非直线式的,直线式和非直线式各占一半。

(三)文化差异与语境

语篇并不是独立存在的,它存在于特定的语境之中,其构建方式实际上是人们在特定文化的具体语境中使用语言完成其交际任务的习惯性方式和程序。由于交际任务不同,形成不同类型的语篇,比如叙事型语篇、描述型语篇、议论型语篇。不同文化和亚文化中的语篇具有不同的特征。以"东方""西方"为基础或者以"归纳式""演绎式"为类型进行语篇对比显得过于笼统,不能反映每种文化内部亚文化的差异,也不能反映不同语篇类型的特征和不同亚文化中语篇的差异。

第五章　多元文化下跨文化交际能力的培养

第一节　培养学生的跨文化交际能力

一、跨文化交际能力的培养

(一)跨文化交际能力的培养方法

长期以来,语言学着重研究的是语言本身,研究语言的语音系统、语言的结构、语言的历史发展等,对所谓"理想的听话人——讲话人"(the ideal hearer—speaker)的语言能力的研究,大致都撇开了语言的社会环境和社会制约。这种情况现今已发生了变化,重心逐渐从结构转向功能,从孤立的语言形式转向在社会环境中使用的语言形式。英语教学中的文化教学不仅仅是培养学生掌握关于某一具体文化的知识和能力,还要培养学生了解跨文化交际的普遍规律,掌握跨文化交际能力,习得非言语交际的知识和技能,增强跨文化意识,培养积极主动的跨文化态度。培养学生的跨文化外语交际能力是目前英语教学界迫切需要解决的问题。在学校教学中可尝试用以下几种方法:

1. 非语言交际能力的培养

任何一种文化都由若干符号意义系统构成,语言系统只是其中一个重要的组成部分。与语言系统相辅相成的非语言交际系统也是文化的核心内容,对交际起着不可忽视的作用。文化不仅通过语言教育、语言学习和言语行为习得和传播,文化还通过非言语交流,隐含地、有意识或无意识地进行传播。无论是语言系统还是非语言系统都是文化的组成部分,都被置于文化的大环境之中,受该文化的影响,所以不同文化的言语行为和非言语行为存在着文化差异。

人际间交流是通过两种方式进行的,一是言语行为,二是非言语行为。非言语行为包括所有人际互动中所交换的各种行为信息,即身势行为、手势行为、目光行为、交谈时的身体距离、沉默行为、声音、语调、音量、绘画、图像、衣着打扮和人体姿态、实物标志等。这些非言语行为都可用作交流信息、传递感情、表达感情、态度,以及标志交际者的社会关系、社会地位等。

2. 原文阅读

在英语教学中,我们常常发现在学生中普遍存在着这两种现象:学生在阅读一篇既没有生词,也没有一点语法障碍的文章时,对文章整体大意也不能百分之百地理解,做选择题时也很容易出错。在用英语写作时,学生总是受到本族语的干扰,写汉语式的英语,这是因为学生天生接触的是本族语,在英语学习中没有良好的语言环境,没有机会与以英语为母语的人接触,以了解他们的风俗、习惯和情感,因此,在读写英语时受本族语思维和情感的影响是在所难免的。对学生输入英美文化及社会知识信息的良好途径就是在教师的引导下,进行大量的原文阅读。在原文阅读的实践中,学生们会遇到一些中国人不好理解的外国习俗和社会现象,这时应该向学生扼要地介绍英美人的习俗、重要节日、婚姻家庭等社会知识。学生对英美人的个性、情感和思维方式体会得越深,对原文的理解越深,吃透原文的能力就越强。

在原文阅读中有时会出现从字面上很难看出其真实意思的词语。在遇到"The businessman offered him＄500 under the rose."这句话时,给学生讲述了有关的罗马神话故事,使他们了解 under the rose 的出处和含义。了解了这方面的文化背景,这个词组就不难理解了。

原文阅读拓宽了学生们的视野,在丰富语言知识的同时,对英美文化背景和社会知识都有了相当的了解,这对于提高学生英语整体水平是不可缺少的重要环节。

3. 广泛利用课外英语资源,组织第二课堂英语活动

(1)英语短剧表演

对学生进行跨文化交际的培养只在课堂上进行是远远不够的,因为一个民族的文化内涵是多方面的。教师应该让学生尽可能多方面地感受到这种文化的氛围。在平时的教学中,我们可尝试让学生利用课余时间表演英语短剧,短剧内容可以是英语教材上的课文,也可以是一些著名的英语故事、童话及小说等。英语短剧表演是学生获取文化信息的一条重要途径。教师可号召学生将课文改编成短剧,让学生在表演中、在英语故事的情节里呼吸文化气息。通过这些活动,学生了解和感受到了外国文化的气息以及锻炼他们运用英语的能力。

(2)英语文化课题研究和讨论,英语角会话

众所周知,学习语言最好在一定的语境和气氛下进行。所以,教师更有责任为学生创设适合于学生感受英语语境和接受英语文化熏陶的气氛,激发出学生的兴趣并鼓励学生参与进来。教师在备课时可依据教学内容专门设置英语话题。教材中的这些对话生活气息浓,与英语文化及该国风俗习惯紧密相连,学生参与进来,可感受到其强烈的异国文化情调、呼吸其浓郁的语言文化气息,而且语言交际能力也潜移默化地得到了提高。在这里,学生能够自由地相互交际、大胆地进行实践、切实地感受英语文化气息、有效地培养英语交际能力。

4. 大量收集、利用课外英语资源

教师可以收集一些有关国外文化方面的资料,如画报、杂志、图片、照片;研究不同国家

人民的服饰、装饰、发型,鉴赏不同风格的外国流行歌曲,交流各地的风貌民俗,让学生在这一过程中了解不同文化、风俗习惯、审美标准,然后提出一些问题让学生回答并讲出自己的见解。教师还可以建议学生多读国外有关游记、人口统计、民意测验、官方思想研究等方面的书,从中了解该国的文化。教师还可以准备一些有关文化的课题让学生思考,问他们有何看法,然后进行交流讨论。

5. 研究非言语交际在跨文化交际中的作用

非言语交流和言语同样是文化的一个组成部分。姿势、面部表情、目光接触、手势动作、衣着打扮、时间、空间等大多数非言语行为也是以一定的文化为基础的。教师可以问一些有关非言语交际方面的问题,让大家来讨论。

6. 利用国外电影、电视、书籍、歌曲以及形式多样的文化辅助活动

充分利用国外电影、电视剧和有关资料,可以形象直接地了解各国的文化习俗。许多优秀的影视作品都成功地再现了特定的历史文化背景。

文化教学还可以通过其他形式进行。例如:举办英美文化的专题讲座,让外籍老师详细讲解外国的教育体制;利用多媒体教学展开英美概况的介绍;开展经常性的英语节目课外活动,如英语角、英语沙龙、看英语原声电影、跟大山学讲英语。这些活动能帮助学生进行合乎所学语言文化习俗的情景对话,多方面地接触异国文化,提高学习兴趣。

语言是历史的档案,语言不能脱离文化而存在。同样外语教学也不能脱离所学语言国家的文化和历史,如果只讲语言,不了解语言所赖以存在的文化,那是很难准确和得体地使用语言的。

(二)实施文化教学应遵循的几个原则

在实施文化教学的过程中,我们要切实遵循以下几个原则,这样才能使得我们的教学行为和方法更有针对性、目的性、实用性以及公平性。

1. 平等原则

每个民族都有自己的文化,而每种文化皆有各自不同的特点。我们在习得另一种文化时,应该遵循这样一个原则:不管这个民族如何、是大是小、是强是弱,其文化是没有优劣好坏之分的,所有的文化都是平等的。所以,在接触和了解的过程中,特别是在对两种文化的差异性进行对比时,我们不要过分地赞扬某种文化,也不要一味地贬低某种文化。

2. 同步原则

这里所说的同步原则是指利用英语教材培养学生的跨文化交际能力时应与课本保持一致。我们不可能在一节课或几节课的时间内解决诸多问题,也不可能在一个单位课时里全用来讲解文化的差异性,这是不现实的。具体来说,在课本内容包含或牵系到两种文化的某一个方面的差异时,把这一方面两种文化的特点介绍给学生,不可扯得太远,不然的话,会给其他语言方面知识的传授带来影响。当然,学生对目标语的文化了解越多越好、越广越好、

越深越好,这就要取决于学生的兴趣、条件和时间等多方面的因素。

3. 交际原则

语言是人们用来交际的工具。它最大的特点就体现在它的交际功能。所以,在培养学生跨文化交际能力时,应该充分注重语言的这个基本特点,特别是日常生活和工作中两个民族的人们在交际中各自不同的习惯和方式。

4. 兴趣原则

兴趣是学生获取知识的巨大动力。在培养和激发学生学习英语语言兴趣的同时,我们也不可忽略引发学生对其文化产生浓厚的兴趣。这就需要教师精心设计从课文知识导入文化知识的前提和过程以及生动设计文化知识的交际实践和环境。这样,学生就能感觉到自己仿佛置身于一个生动有趣的交际环境之中,从而产生和保持对它的兴趣,并在语言交际环境中得到实践和锻炼。

二、树立语言平等观和文化平等观

文化的相互交流与碰撞能够丰富文化的内涵,但交流首先要有最基本的平等。要让学生明白由于文化差异导致两种文化接触时产生的碰撞和误解是正常的。对话是人类历久弥新的交流方式,只有充满尊重、宽容、平等、开放和自由的对话,才能激发和实现真正的沟通和相互理解。跨文化交际是双向交流的过程,交际双方都应了解对方的文化特征,并彼此尊重对方的文化习惯。只有在充分了解的基础上,才能相互体谅以促进交流。在跨文化教学中,要强调平等意识,参与交流的各方在对话过程中都应享有平等地位;都应反对片面的权威或对真理的独占;都不应该固执己见或差强人意。任何一种文化能够在世界上长期持续发展必然有其作为文明核心的文化。没有任何文化可以凌驾于其他民族文化之上。大千世界,和而不同。"和"的主要精神就是协调不同,达到新的和谐统一,使各个不同事物都能得到新的发展,形成不同的新事物;只有"不同"才能在差别的张力和互动中发展创新。如果都相同,都统一,就会泯灭生机,难以为继。只有民族的,才是世界的。事实上,不同文化在保持各自特色的前提下互相碰撞、交汇乃至融合,会创造出一种动态的和平。学习外语是出于交流的需要,目的是能够与外国人成功地进行跨文化交流,了解、吸收他们文化的精华,"为我所用"。同时学习外语更要注重"以我为主",要学会如何准确地用外语去介绍和传播母语文化。放弃民族特点与文化身份去学习外语是不可取的。每一种文化都有其独特的优点和长处,都能为人类解决面临的各种问题提供有价值的资源。各种文化都应该在和其他文化的交往中,取长补短,充实和更新自身,以适应经济全球化和文化多元化的新趋势。要教育学生重视外国文化,但不应该唯外国文化是从。东西方文化交流本着彼此尊重的原则,在平等的基础上进行对话和交流,相互吸收、相互融合,在比较中鉴别,在互动中发展。

三、跨文化交际中的文化认同

在英语教学中,常常发现多数学生虽然能写出并讲出符合语法规则的句子,但表达方式往往不恰当或不得体。在很多情况下,这些不恰当或不得体的句子违反了所学语言的文化规则,导致交际失误。其主要根源是交际双方没有取得文化认同。

文化认同(cultural identity)意指个体对于所属文化以及文化群体内化并产生归属感,从而获得、保持与创新自身文化的社会心理过程。文化认同包括社会价值规范认同、信仰认同、风俗习惯认同、语言认同、艺术认同等。当今世界,全球化空前地拉近了各国家、各民族之间的距离,每一民族在发展自身文化的同时,都在有意或无意地进行着与其他文化的交流和互动,人们对本己文化和异己文化的异同之处不断加深理解和认识。在这一过程中,彼此间一方面在寻找共同话语,放弃或改变原有的一些观念和行为方式,以达到求同存异;另一方面又在加固着本民族文化的认同,以求民族文化有存在的根基,这即是费孝通先生经常告诫的要加强文化自觉。在跨文化交际中文化认同是相互的,人类需要这种相互的文化认同,以便超越文化交流的重重障碍。文化认同是人类对于文化的倾向共识与认可,是人类对自然认知的升华,是支配人类行为的思想准则和价值取向。因此,文化认同可以被认为是指导跨文化交际的语用原则。

跨文化性或多元文化主义意指关于不同文化的认识和理解,以及在国内各种文化成分之间和世界各国不同文化之间建立积极的交流与相互充实的关系。各个现代国家必须不同程度地面临多元文化现象。跨文化教育或多元文化教育要"能促进对文化多样性的尊重、相互理解和丰富"。

坚持以多元文化观为文化认同的价值取向,其目的正是为了帮助学生理解自己的民族文化和享有应有的文化尊重,并在认同本族文化的基础上,树立平等的、包容的、尊重的文化观,并从中吸取精华部分,以便获得参与未来多元文化社会所必需的价值观念、情感态度、知识与技能、有和平共处及维护文化平等和社会公平的意识和信念。

经济全球化、文化多元化,使跨文化交际成为时代的特征,不同国家、不同民族间的交际或交流活动更加频繁。跨文化交际是在不同文化之间进行的交际,交际双方分属于不同的文化群体。这就意味着交际双方对彼此的文化身份有明确的认知,交际者非常明确我们是谁、他们是谁,明确在文化群体意义上是谁在和谁进行交际。如果交际者不能确认对方属于哪一个文化群体,不能确定彼此的文化身份,就不能构成跨文化交际活动。这是由于交际主体基于对本民族文化与异质文化的价值判断,会产生对文化差异性的认识和对本民族文化的认同。交际时交际主体会站在一定的立场上,或者说交际主体会无意识地进行文化比较,选择自己的文化立场。通过文化比较,交际主体会产生强烈的自我认同感,而恰恰是这种文化比较使文化身份认同问题得以凸显。因此,探索跨文化交际中的文化身份认同问题,对于提高跨文化交际的有效性具有十分重要的意义。

(一)文化身份

身份是指某人或某一群体独有的品质,指向的是某种自我认同的同一性和这种同一性得以标示的独特标记。文化身份(cultural identity)是"身份"的延伸概念,它来自外国心理学理论。"认同"一词译自英语的 identity,在国内文化研究语境中"identity"译作:身份,认同,身份认同。identity 本身有两重含义:一是"本身、本体、身份",是对"我是谁"的认知;二是"相同性、一致性",是对与自己有相同性、一致性的事物的认知。有对群体一致性的认知,也必然伴随着对他群体差异性的认知。由于这一概念强调文化群体的共同性,再加上 identity 一词既可译作"身份"又可译作"认同",因此,文化身份又称为文化认同。尽管学者们对文化的概念有不同的界定,但是至少在这一点上可以达成共识,即文化来源于一个群体成员们的生活方式。也就是说,文化具有群体性的特点。无论文化在宏观或在微观层面上,一旦一个群体形成,其相应的文化便应运而生。一种文化由其所属群体成员创造、继承并发展。从这个意义上来讲,人们都属于不同的文化群体,具有不同的文化身份。

从整体来讲,文化身份是某种文化或某个民族所特有的、与生俱来的一系列特征总和。由于同一文化群体的成员长期生活在某一特定的历史传统与地理环境下,形成了自己独特的文化,因而也造就了其独特的文化身份。另外,文化身份还表现为一种文化情结,是个体或群体对自身所属的文化体系自发形成的一种内在情感,是人们在一个民族共同体中长期共同生活所形成的对本民族最有意义的事物的肯定性认识。其核心是对一个民族的基本价值的认同,包括一个人对本民族各个领域的总体态度、语言、社会、政治和历史等的认同。文化身份认同是民族认同和国家认同的基础,而且是最深层的基础。对个体来讲,认同是一个人的自我概念,即对"我是谁?""我是一个什么样的人?"之类问题的理解与回答。面对世界复杂的文化背景,跨文化交际中的交际主体会感受到由于自身本民族文化与异质文化两种不同文化身份所造成的矛盾或冲突,一旦这种冲突达到失衡状态,交际主体就可能会陷入迷茫或失落之中,表现在文化心态上就是:面对纷繁复杂的多样文化感到无所适从,文化身份缺失,个体将会"不知道我是谁",或者对"我身在何处"的极端地不确定,即主体失去了社会文化的方向定位,没有了文化的归属感,这种状态也就是我们通常所说的认同危机。

(二)文化移情

在跨文化交际中,交际双方会不自觉地对本民族文化与异质文化进行比较,会自然地感受到两种文化身份所造成的冲突,文化移情为交际双方站在对方的立场上进行体验、换位思考找到了切点或交点。简单地说,文化移情是跨文化交际中链接主体与客体的语言与文化以及情感的桥梁和纽带。文化移情是心理学的一个概念,其基本含义是用自己的感觉去"体验"他人的感觉,目的是实现"我"和"你"双方的一致性。高永晨教授认为,文化移情是指交际主体在跨文化交际中,为了保证不同文化之间顺利沟通而进行的一种心理体验、感情位移和认知转换,即有意识地超越民族语言与文化定式的心理束缚,站在另一种文化模式中进行思维的心理倾向。文化移情首要承认个人和文化间的差异是普遍存在的;要充分认识自我,悬置自我;并设想自己处在别人的位置,深入别人的心扉,最后重建自我。可见,文化移情是以承认文化差异为前提,交际主体以积极开放地对待异族文化的态度,自觉地转换文化立场,从对方的立场出发来感受其文化,设身处地替对方着想,并且在立足于本族文化的基础上将自己置于另一种文化模式中,达到主动对话和平等沟通的目的。从实质上讲,跨文化交际的过程就是文化移情的过程,文化移情能力会直接影响到跨文化交际的有效性。文化移情已经成为跨文化交际主体能否有效感知和弥合不同文化之间的差异,防止出现因为文化的误解而导致文化冲突的有效途径。但是移情"不及"或"过度"都会为跨文化交际带来障碍。移情"不及"即不到位,是潜意识中存在着以我为中心的思想,在跨文化交际中表现为缺乏对文化差异的敏感性,不能及时回应客体的情感或产生共鸣,其结果必然严重阻碍跨文化交际的顺利进行。

由于交际受制于文化,跨文化交际主体受自己长期生活中的文化环境和思维定式的影响,其行为必然按照自己的文化背景以及由这种文化背景所决定的规范进行。因此,不同民族文化背景中的人们在潜意识中都存在本民族文化优越的倾向。如果在跨文化交际中交际主体过多地表现出民族文化优越感,过分地自信、目空一切,认为本民族文化是绝对优越的,本民族文化高于一切,唯我独尊,将其他民族的文化说得一无是处,把本民族文化作为对待其他民族文化的参考系,以自己本民族文化的价值标准来衡量其他民族人们的行为和社会现象,并把本民族文化与其他文化隔离开来,这种思想只会加深不同文化间的隔阂,最终只会导致交际失败。移情"过度"是过度地放纵了自己的情感去呼应别人的感受,为此而完全放弃自己本民族文化的立场,将自己定位于异域文化之中。如果交际一旦失去了本民族文化作为基础一味地模仿,交际就会失去意义。每一民族的文化都植根于自己民族的土壤,都打上了自己民族特色的深刻印记。没有文化个性,就没有文化身份、文化地位和文化独立存在的意义,这样就会导致本民族文化的褪色或消亡。因此,正确的文化移情应是立足自身文化身份又超越自身文化的统一,在文化立场上不能脱离民族文化的本土背景,但是又能够主动去体验他人的情感和情绪,达到自我与他人情感的融合以及感情的共鸣。通过移情在不同交际主体之间建立起超越文化阻碍的桥梁,以减少或消除文化矛盾和文化冲突,增进处在多元文化背景中交际主体的相互理解、协调和沟通。总而言之,文化移情研究是跨文化交际学从表层研究进入到深层研究的转折点和重要标志。跨文化交际中的文化移情并不是要交际主体完全放弃自己本民族文化身份,而应坚持正确的文化移情,创造性地坚持本民族文化身份,有意识地超越本民族文化和异族文化的界限,摆脱自身原有文化传统的束缚,主动地领悟、感受和理解异域文化,并按照新的文化环境进行调适,达到多元文化间新的整合。

(三)文化整合

在跨文化交际中交际双方通过沟通、相互宽容与体谅、互相适应与各自调整,整合建立一种新的文化身份。这种新的文化身份建立的过程就是对不同价值观的选择、融合、创新的过程,它将两种文化整合在一起,以新的文化身份进行交际。通过不断地融合、互渗和互补,不断突破本民族文化的地域和模式的局限性而走向世界,不断超越本民族文化的国界,发生内容和形式上的变化,逐渐整合为一种新的文化体系。任何文化都有自己产生和发展的过程,都有着从不完善到完善的发展阶段。在其形成的过程中,由于受到地域性和交际范围的限制,各自保持着相对的独立性,同时这种独立性也限制着文化的发展。随着经济的发展、文化交流的日益频繁,尽管文化的独立性依然存在,但是文化的兼容性和开放性相对增强。世界任何国家不可能完全脱离整个世界文化发展的基本格局而封闭起来,所有文化都不是隔绝的而是互动的,都不是纯粹单一的而是异质混杂的,没有不受异质文化影响的文化。在相互融合的过程中,每一种文化都按照自己的价值观念和标准对不同类型的文化进行判断、认同和吸收整合,成为具有内在联系的文化体系。文化体系的重新整合是原有的本民族文化的创新,它不仅保留着本民族文化最本质的特征,而且充实了新的内容,注入了新的生命,也更能适应新时代发展的需要。

在跨文化交际中,交际主体新的文化身份构建的过程也是不断进行文化整合与创新的过程。跨文化交际中的主体与客体通过交流与沟通,解决或减少了文化矛盾和冲突,提高了跨文化交际的有效性。在交际主体解决交际文化矛盾或冲突的同时,对本民族文化和异质文化都有了更深刻的理解和认识,交际中就会有意识地对自己原有文化的思维模式进行调整,并会对自己本民族文化进行不断思考和反省,将异族文化中积极的部分转化成自己文化的内容,也正是这种交际中的矛盾和冲突成为文化发展的动力。

一个具有深厚民族文化底蕴的民族,如果不向其他民族学习,不从外部汲取营养,不顺应时代的发展就会落伍。但是,如果不懂得珍视自己民族文化的价值,轻易地丢弃民族文化传统,民族文化就会消亡。在全球化时代任何民族都不可能不受异族文化影响,只有在多元文化对话和交流的框架中,在认同多元文化的同时,既保持自身文化的相对独立性,又使自身文化保持持续开放性和长久交汇性,以开放的心态、海纳百川的胸怀,秉承"和而不同"的理念,通过与其他民族文化的相互比较,发现文化彼此之间的差异,在与他文化的对话中重新认识自我和不断修正自己,使自己文化保持旺盛的生命力,从而有力地推动民族文化的创新与发展。因此,文化整合是在跨文化交际中,以促进本民族主流文化的存在和发展为宗旨,在主动汲取异质文化的精华、舍弃糟粕和综合创新的基础上,形成新的文化体系。也可以说,文化整合并不是在文化全球化进程中完全抛弃本民族文化的独特性,而是要在跨文化交际中构建新的文化身份,在文化全球化体系的建构中体现民族文化的世界性,最终实现"各美其美,美人之美,美美与共,天下大同"的目标。

综上所述,跨文化交际是一项构成要素复杂而多样的综合性学科。在跨文化交际中,如何选择自身的文化身份决定了交际主体的立场,并会对跨文化交际的有效性产生重要的影响。跨文化交际的顺利进行并不要求交际一方完全放弃自己的文化身份以迁就另一方，交际活动的成功与否取决于双方能否通过交际手段建立一种新的文化身份。在跨文化交际中交际主体要确立本民族文化的主体地位，保持本民族文化的个性特征，自觉在本土文化与异域文化之间进行权衡与选择，既不固守本民族文化，唯我独尊，也不完全放弃本民族文化而全盘接受异域文化。在跨文化交际实践中不断汲取多元文化中对民族本土文化有用的精华，促进我国社会主义文化的丰富和发展，为整个人类文化的丰富和发展做出贡献。

第二节 跨文化交流能力的提高

跨文化交流能力是指一个人或群体与自己文化背景相异的另一个人或群体有效得体地交换信息的能力。提高跨文化交流能力的第一步也是最重要的一步就是：尽量多地去了解对方的文化、自己的文化以及双方文化的差异。

一、发挥教师在课堂中的主导作用

课堂教学是教学的主要组织形式，在教学中教师应该有目的、有计划地传授英语国家的文化，了解英语国家的文化是提高跨文化交流能力的关键所在。英语教师应具备对两种不同文化的理解能力，并通过自己的理解使自己成为两种不同文化的中介者和解释者。利用教师在课堂教学中的主导作用，能设法帮助学生理解不同文化差异，使他们尽快获得一种跨文化意识。但对大学英语教师来讲，要想有计划、有目的地进行文化教学困难也很大，因为本身课内内容就很多，而文化所涉及的范畴又是纷繁复杂。大学英语跨文化教学内容应遵循几条原则：①主流性原则。把文化教学的重点放在英语文化中占主导地位的方面，即大多数成员的世界观、思维方式、价值标准、行为规范。②实用性原则。即教给学生的跨文化知识是他们在同英语使用者交往时能用得上的，而且是经常使用的。这样不至于使学生认为语言与文化的关系过于抽象和捉摸不定，同时文化教学紧密结合语言交际实践又可以激发学生学习语言和文化的兴趣，产生良性循环效应。

二、让学生进行广泛的课外阅读

在进行文化教学的同时，教师应当让学生进行广泛的课外阅读，因为课堂的时间和容量毕竟是很有限的，教师的作用只能是使学生具备跨文化交流的意识，大量的对于文化的学习、体会、了解的工作应由学生自己去做。阅读的内容可以是文学作品（如小说、戏剧等）。文学作品是了解一个民族的风俗习惯、社会关系及该民族的心理状态、气质等方面最生动、最丰富的材料。此外还可以读一些跨文化交际学、社会语言学方面的书，这些书从理论的角度阐述跨文化交际有关的知识，使学生更直接、更快地提高跨文化交往的能力，更好地理解本国和英语国家的文化。

三、充分利用外教资源

社会文化知识所涉及的内容甚广,很多东西中国教师无法接触、体会不到,也无法传授给学生,外籍教师的作用是中国教师不能替代的。定期请外籍教师讲一讲他们本国的文化,让学生直接感受本国与其他国家的文化差异。同时由于外籍教师本身也正经历着另一国文化的冲击,他更可以从自身的体验出发谈一谈跨文化交流中所应注意的各个方面及感受。

四、建立跨文化学习的氛围及方法

要提高学生跨文化交流的意识,最好的方法是让他们沉浸在英语文化氛围中,同英语本族语使用者亲自接触。但对大多数中国学生来说,接触英语本族语使用者的机会也都少之又少。那么,如何在有限的条件下创造一个良好的跨文化交流学习的氛围呢?可以从以下几种方法入手:

(一)案例比较分析法

想要了解对方的文化,势必要了解双方文化在各方面的差异,只有清楚了差异所在,才会使跨文化交流顺利进行。在英语课堂上如果只是教师单方面地讲述文化差异,那么学生对这些差异不会有深刻的理解,也无法应用到实际交流中去。如果采用案例分析对比法,就相当于把学生带到一个交流的现场去亲身感受文化差异,这样一个案例所说明的问题、所能起到的影响胜过几个小时空洞的理论说教。案例分析这种直观、生动的优点是其他方法无法替代的。

(二)角色扮演法

角色扮演法就是在课堂上试着去设计一个交流环境,并设想自己是交流中某一方,以自己的切身感受去体验跨文化交流的一种文化学习的方法。第一,这种方法较之案例对比分析法更加生动、直接,可以让学生在亲自的交流活动实践中去体会文化的差异,体会交流双方的文化心理。第二,由于进行角色扮演之前教师一般会要求学生课前有所准备,去查资料、去用心体验角色的感觉,这样学生就有一个主动去进行文化学习的过程,这对于丰富学生的文化知识,提高跨文化交流的能力有相当的好处。第三,不但参与角色扮演的学生受益匪浅,其他学生也同样在生动的氛围中直观地体验文化知识。总之,这是一种更活跃、更生动的文化教学形式,而且学生乐于积极参与,非常有助于创造一种良好的文化学习氛围。

(三)文化专题讲座

文化专题讲座是指除课堂时间之外定期举办针对某一文化现象的文化知识的介绍。举办文化专题讲座有几点好处:①主讲人有备而来,材料准备充分,表达生动形象,一般来说效果都很好。②因为讲座的题材一般都选择学生感兴趣的内容,学生抱着很大的兴趣来听讲座,有助于学生在一种有别于课堂的轻松的讨论文化的氛围中增长文化知识,提高跨文化交流能力。

组织文化专题讲座应该在一段时间之内(比如一学期)定期举办,才能收到提高跨文化交流知识的效果,否则蜻蜓点水般一学期搞一两次没有多大作用;另外,文化讲座的内容应该按系统的计划来安排,比如这一学期的内容专门讲中美风俗差异,那么每一次的内容分别进行,诸如:问候、邀请、致谢等。这样,一段时间之后,学生对于文化知识的了解将有系统性的提高,也有利于学生对于他方文化有一个整体的认识。如果每次随意性的选题没有系统性,那么学生对于文化知识的理解也会是零散的,缺少整体性。

(四)借助视听手段

更多接触英美国家的人当然是提高跨文化交流最直接、最有效的手段,但实际情况是大多数中国学生没有条件这样做。那么,除了前面提到的一些方法之外,观看英文原版录像,或收听英美国家广播节目也是一个好方法。因为,英语录像或广播节目反映了真实的生活情况,其间蕴涵了大量文化信息。通过接触这些直观的文化资料,学生们可以亲身体验中西方之间文化的差异,直观地了解英美人是如何生活、如何交往的。这种视听的方式最大的优点就是直观而真实。但在收看收听之后,应该组织学生讨论其中主要的文化信息,比较文化的差异,把一些现象背后的文化背景提出来,使学生能够从纷繁复杂的表面现象中找到文化的深层的本质。如果只是泛泛地收听收看,看过听过之后不加提炼和总结的话,往往有些文化现象学生意识不到,或只流于一些表面的现象,意识不到其文化的内涵。因此收听收看之后的总结与提炼是必要的。

五、改革现有教材,在语言教材中,增添文化注释

现有的教材大多偏重语言本身的掌握,关于听、说、读、写都有各种各样专门的教材,而专门讲授文化的教材却很少也不够系统化,把语言学习与文化教学有机结合的教材几乎没有。当今我们已经认识到文化教学的重要性,那么改革现有的教材势在必行。即使短期内仍然使用传统教材,也要由教师提供文化注释,努力挖掘出语言知识中蕴藏着的文化含义,这样才能使学生在学习语言的同时学到文化知识,可谓一举两得。

六、文化教学的层进性

文化教学必须同语言知识教学同步进行,由浅入深逐步深入。高校学生的英语语言学习已经进入高级阶段,所以对他们进行的文化教学也不能只是停留在初级阶段,不能只是介绍日常生活方面诸如称呼、问候有什么不同的表达方式,而应该注重中西方文化差异的深层次内容,介绍中西方思维方式,价值观念的差异,使学生进一步了解人际关系交往的深层次模式。因为这种深层次文化模式的差异常常会给跨文化交流带来根本的而又难以觉察的影

响,明确了这种深层的差异会使学生在跨文化交流中无往不胜。

跨文化交流知识的学习与语言本身的学习同样重要。对于英语学习者来说,不仅要掌握语言、词汇、语法,而且还要知道使用这种语言的人如何看待事物,如何理解世界,了解他们的思想、习惯、行为。掌握英语国家的文化知识对语言学习本身有相当的促进作用,学习语言本身就是为了交流,而了解目的语国家的文化,更是为了使交流能够顺利地进行,避免交流中的误会,建立良好的人际关系。因此,人们需要了解跨文化交流的知识,从而提高跨文化交流的能力。

第六章 多元文化下商务英语的语言特征

第一节 商务英语的词汇特征

一、使用单一词汇

普通英语通常追求文采飞扬,因此极尽语言之能事,采用各种词义丰富灵活的词。但商务文体恰恰相反,商务语言以实用性为重要特征,因此常选用词义相对单一的词,目的是使行文更加准确、庄重和严谨。例如:

用 inform 代替 tell

用 terminate 代替 end

用 initiate 代替 begin

用 constitute 代替 include

用 effect 代替 make

用 grant 代替 give

用 acquaint 代替 be familiar with

用 utilize 代替 use

用 by return 代替 soon

用 in lieu of 代替 in place of

除此之外,在语言表达方面,商务英语也要比普通英语更加准确、具体,特别是在一些合同、协议等文体中。

二、使用正式词汇

使用正式词汇能确保商务文书的准确性和严谨性,因此商务英语中普遍选用正式词汇。例如:

用 certify 代替 prove

用 prior to 或 previous to 代替 before

用 solicit 代替 seek

用 expiry 代替 end

用 supplement 代替 add to

用 continue 代替 keep on 或 go on

用 appoint 代替 make an appointment of

三、使用专业术语

每个学科都有一些专业术语，这些专业术语大都意义单一、精确、固定、无歧义，利于精确地表达概念，且不具有感情色彩，不需要借助上下文便可以理解。为了准确描述商务活动中的各个环节以及与此相关的各类文件，并且节约时间，商务英语在长期的使用过程中也形成了一系列的专业术语。商务英语中常见的专业术语包括以下几个类别：

（一）国际贸易行业专业术语

例如：

documentary collection 跟单托收

down payment 订金

import quota 进口配额

irrevocable letter of credit 不可撤销信用证

mail transfer 信汇

shipping documents 货运单证

sight draft 即期汇票

sight letter of credit 即期信用证

standby letter of credit 备用信用证

term bill 远期汇票

（二）法律行业专业术语

例如：

absolute liability 绝对法律责任

arbitration 仲裁

beneficial owner 受益人

fundamental breach of the contract 根本违约

judicial review 司法审查

preliminary approval 初步审定

royalty income 特许权使用费

（三）保险行业专业术语

例如：

absolute liability 绝对责任

bid bond insurance 投标保证保险

force majeure 不可抗力

insurance amount 保险金额

insurance certificate 保险凭证

insurance instructions 保险说明

insurance policy 保险单

premium 保险费

provisional insurance 临时保险

risk of breakage 破碎险

the insured 投保人

the insurer 承保人

（四）物流行业专业术语

例如：

anchorage dues 锚泊费

assembly packaging 集合包装

container terminal 集装箱中转站

container transport 集装运输

inventory control 存货管理

location of exchange 交换地点

logistics cost 物流成本

physical distribution 实务流通

warehousing 仓储

（五）金融行业专业术语

例如：

commodity 期货

currency circulation 货币流通

deflation 通货紧缩

equity interests 股本息

floating exchange rate 浮动汇率

gold standard 金本位制

inflation 通货膨胀

option 期权

reserve accounts 储备金账户

surplus funds 过剩基金

(六)营销行业专业术语

例如：

final consumer 终端消费

loss leader 亏本出售的商品

market segmentation 市场细分

market share 市场占有率

price analysis 价格分析

product life cycle 产品生命周期

product line 产品系列

rate of sales growth 营销增长率

sale on account 赊销

sales outlets 营销渠道

四、多用缩略语

缩略语是人们在长期的商务实践活动中约定俗成、逐渐演变而成的。商务活动崇尚高效，因此为方便快捷地交流信息，节约宝贵的时间，商务交际双方就会使用缩略语。概括起来，商务英语中的缩略语主要分为以下几类：

第一，首字母缩写法，即使用每个单词的首写字母来构成缩略词，这种缩略词通常用大写字母书写。这种缩写方法十分常见，常用于组织名称、价格术语、票据名称等专有名词的缩写。例如：

NIC(National Information Centre)国家信息中心

ISP(Internet Service Provider)网络服务商

CIF(Cost Insurance and Freight)到岸价

FOB(Free On Board)装运港船上交货

MTD(multimodal transport documents)多式联运单

QS(quality specification)质量标准

RAN(revenue anticipation note)收入预期债据

OMO(Overseas Money Orders)国外汇票

SME(small and medium enterprise)中小企业

TPND(theft,pilferage and non-delivery)盗窃和提货不着险

D/C(Detention Clause)扣押条款

D/A,DA(Document against Acceptance)承兑交单

ASAP(as soon as possible)尽快

B/L(bill of lading)提单

B/D(bank draft)银行汇票

第二,截词缩略法,主要分为以下几种情况:

①保留词首,去掉词尾。这种缩略法即保留单词的头几个字母,去掉后面的字母的方法。例如:

ACK(Acknowledge)承认,告知……已收到

inv.(invoice)发票

bal.(balance)余额

exp.(export)出口

pro.(professional)专业人员

②去掉词的首尾,即去掉一个自然词的首部或尾部而构成缩略词,此时缩略词的拼写可以采用小写形式。例如:

fr(fruit)水果

pat.(patent)专利

im(image)(公司等)形象

impos(impossible)可能

phone(telephone)电话

Spec.(specification)规格

pro(professional)专业人员

Co.(company)公司

Inc.(Incorporated)股份有限公司

③保留单词的首尾,即截去一个自然词中间部分而构成缩略词。例如:

LD(London)伦敦

FRT(freight)货运

bk.(bank)银行

payt.(payment)付款

rect.(receipt)收据

actg.(acting)代理

④第一个单词缩写+第二个单词构成的缩略语。例如:

E-mail(Electronic Mail)电子邮件

E-Commerce(Electronic Commerce)电子商务

E-Logistics(Electronic Logistics)电子物流

⑤由词的头尾结合而成构成的缩略词,有的词除了保留首尾还会保留中间一两个字母。例如:

hf(half)一半

yr(year)年

agt(agent)代理人

Ltd.(Limited)有限公司

Blvd(boulevard)大道

FRT(freight)货物

⑥由两个或两个以上的词的前部或多个主要字母缩略构成。例如:

min. prem.(minimum premium)最低保险费

gr. wt.(gross weight)净重

第三,音节缩略法。在商务英语中有时会使用音节构成的缩略词,即利用第一音节和第二音节构成的缩略词。例如:

MSG(message)信息,电文

MKT(market)市场

AVE(avenue)大街,林荫道

CONDI(condition)条款,条件

PLS(please)请

MEMO(memorandum)备忘录

ACDNT(accident)事故,意外事故

第四,辅音缩略法。以辅音为核心构成的缩写词既可以采用大写形式,也可以采用小写形式,或是用大写字母带出小写字母。例如:

APPROX(approximate)近似的,大约的

bk(bank)银行

CONSGNT(consignment)发货

FM(firm)商行,公司,实盘

INFM(inform)通知,向……报告

MSG(message)信息,电文

PREM(premium)保险费

SHIPMT(shipment)装运,装船

TEL(telephone)电话

第五,谐音缩略法。商务英语中使用同音或近音构成的缩略词也很多。例如:

NU(new)新的

V(we)我们

U(you)你

UR(your)你方的

BIZ(business)商业,业务,生意,交易

LITE(light)轻便的

WK(week)周,星期

N(and)和,与,同

WUD(would)会,情愿

SHUD(should)应当

THO(though)虽然,尽管

OZWS(otherwise)不然,否则

ZAT(that)那个

第六,由数字加单词的首字母构成的缩略词在商务英语中也时有出现。例如:

3M(Minnesota Mining and Manufacturing Company)(美国)明尼苏达矿业及制造公司;3M公司

S&P 500(Standard&Poor's 500 stock index)标准普尔500股价指数

第七,外来语缩略词,即借自拉丁语、西班牙语、希腊语、法语、日语、瑞典语等的缩略语。例如:

A. D. (Anno Domini)公元[拉丁语]

CONG(Congius)加仑[拉丁语]

FIL(Feira Internacional de Lisboa)里斯本国际博览会[葡萄牙语]

五、使用连贯介词和连词

在介词和连词的使用方面,商务英语倾向于使用较为烦琐和复杂的介词和连词,而不使用那些较为简单的介词和连词。这些介词和连词与较为正式的名词和动词搭配,可以使商务英语显得更加庄重、客观和严肃。例如,商务英语中常使用 as per,in accordance with,in view of,in compliance with 等,而不使用较为随意的 according to。下面例子也是连贯介词和连词在商务英语中的使用:

用 along the line of 代替 roughly

用 for the purpose of 代替 for

用 in the nature of 代替 like

用 in case of(provided that)代替 if

用 with reference to/with regard to 代替 about

六、多用成对同义词

商务英语为了确保行文准确，避免产生歧义，经常使用成对同义词。这类词看似重复，实则起着含义互补的作用，可以提高句子的平衡性和语言的音韵美。例如：

terms and conditions 条款

methods and procedures 途径

losses and damages 损失

force and effect 效力

amendments and alterations 修改

on and after 自……起

七、使用新词

随着人类自然科学和社会科学等方面的迅速发展，一些反映各领域新思想、新概念、新方法等的词汇也不断出现。商务英语与当今时代的政治、经济、文化、科技等有着密切的联系，这些领域的发展必然会促使商务新词的产生。商务文体中出现的新词列举如下：

online shopping 网上购物

cyber economy 网络经济

holiday economy 假日经济

knowledge-based economy 知识经济

cyber-payment 电子支付

petrodollar 石油美元

hi-tech industry 高技术产业

soft-landing（经济）软着陆

Interactive ad. 互动广告

virtual store 虚拟商店

slap flation 萧条膨胀

stagflation 停滞型膨胀，滞胀

venture capital 风险投资

open-collar worker 敞领、开领人员

win-win negotiation 双赢谈判

ASP（American Selling Price）美国售价

turkey solution 一揽子解决方案

paperless office 无纸化办公

第二节　商务英语的句法特征

一、使用被动句

被动句表述客观、正式,在商务信函中使用被动句具有表达委婉、言语礼貌的功能;使用被动句,既可以使句子结构严密、语义准确,避免句子"头重脚轻",还可以减少主观色彩,提高论述的客观性。例如:

The pattern of prices is usually set by competition, with leadership often assumed by the most efficient competitors.

价格构成通常由竞争决定,并由效率最高的竞争者来担任主导角色。

The date of the receipt issued by transportation department of concerned shall be regarded as the date of delivery of the goods.

由承运的运输机构所开具的收据日期即被视为交货日期。

Party B is hereby appointed by Party A as its exclusive sales agent in Hangzhou.

甲方委任乙方为杭州地区独家销售代理商。

二、使用复杂句

商务文体中有的句子很长,且结构比较复杂,常常需要用插入语、从句等限定或说明成分,很多时候一个句子就是一个段落。例如:

The strong Japanese Yen has reduced the competitiveness of Japanese exports, making Japanese firm-invested producers in other parts of Asia start to sell their products back to Japan.

坚挺的日元降低了出口货物的竞争力,使日本公司在亚洲其他地区投资生产厂家开始向日本返销其产品。

In view of the fact that the contract signed between us for steel pipes has, owing to your delay in establishing the relative L/C, been overdue for a long time and that the world market price is still going up, we have to adjust the contracted price to US $1,000 Per M/T.

你我双方签订的钢管合同,由于你方迟迟未开立有关的信用合同,过期太久,现国际上市场价格仍在上涨。鉴于这一事实,我方不得不将合同价格调至每吨1 000美元。

三、使用定语从句

为了准确、完整、客观且严肃地阐述商务英语中的相关概念,商务英语中也会使用定语

从句。例如:

The Buyer may cancel its order through a telegram to the Seller, which is required to get to the latter prior to the beginning of any shipment.

买方可以通过电报通知卖方取消订货,但此电报需在货物装运之前到达卖方。

The advance payment shall be conditioned on Buyer or its Affiliate first having received from Supplier an invoice prior to the harvest of this product, which is usually 2 to 3 weeks(from the date of advance payment to date of shipment date)depending on harvesting season.

预付款的条件是,买方或其付款者要在产品收成之前收到供应方的发票,通常为2~3周的时间(从预付款之日到装船出货之日),依收获季节而定。

四、使用状语从句

为了更加精确地描述接受和完成商务业务、商务活动的情况,商务英语中经常使用状语从句,从而对时间、地点、手段、情形等进行准确说明。例如:

If the quantity of the order is over 2,000 sets, we may accept deferred payment.

如果订单数量超过2 000套,我们可以接受延期付款。

五、使用各类套语

人们在长期的商务实践中,逐渐总结出了一些可扩展的包含固定形式的套语,这些套语由于规范性和可模仿性强,交际功能明确,表达方式相对固定而成为篇章组织的手段。套语的使用是商务英语语篇的鲜明特点之一。下面就是商务领域中常用的一些套语及其句式。

(一)邀请

例如:

We should appreciate it if you…

It would be appreciated if you…

We should be grateful/obliged/thankful if you…

(如蒙……将不胜感激)

(二)告知

例如:

Please let us know…

Please be advised that…

Please be informed that…

(请告知……)

(三)专营

例如:

We deal exclusively in...

We are specific in...

We specialize in...

(四)随函附寄……请查收

例如：

Enclosed are...

Enclosed please find...

Please find enclosed...

We enclose...

(五)……由……负担

例如：

...be borne by...

...be charged to Buyer's account...

...shall bear the costs of...

(六)确认收到信函

例如：

We have received your letter...

We make acknowledgement to your letter of...

Acknowledgement is made to your letter of...

(你方的来函收悉)

(七)畅销

例如：

...are well-sold...

...are well received by...

...are universally acknowledged...

...have commanded a good market...

第三节　商务英语的语篇特征

一、语篇衔接的基本手段

在商务英语中，语篇的衔接与语篇的好坏有着密切的关系，好的语篇衔接手段可以使文章的内容更加有条理地展现出来。具体而言，商务英语中语篇衔接的基本手段包括以下几种：

♠ 多元背景下的英语语言交流与实践

（一）替代

替代是指将语篇中的一个成分用另一个成分来代替的方法。替代作为一种语法衔接手段，主要利用词与词、词组与词组以及句子与句子之间的结构关系，而非其意义关系来实现照应。替代是一种纯粹的语篇衔接手段，只利用段落中的两个部分实现衔接，没有其他任何功能。按照所替代成分的不同可以将替代分为动词性替代（verbal）、名词性替代（nominal）和小句性替代（clausal），下面分别进行介绍。

1. 动词性替代

动词性替代主要借助的是助动词 do, does, did 来实现。例如：

① A: You think Joan already knows?

B: I think everybody does.

A 句中的动词 knows 被 B 句中的 does 所替代。

② A: Do they buy their drinks at the local supermarket?

B: No, but we do.

A 句中的动词 buy 被 B 句中的 do 替代。

2. 名词性替代

最常见的名词替代词包括 one, ones, some, the other, others, the same, the kind the former, the latter 等。例如：

① For example, technological advance has also had a strong impact on employment and productivity, benefiting some jobs, hurting others.

例如，科技的进步会对就业状况和生产力的提高产生很大的影响，对某些工作的就业会有利，但对其他的工作就会造成不利的影响。

上述例句结尾处的 others 替代了 some other jobs。

② Collection is of two kinds: collection with bill of exchange against documents and collection with a clean bill. In practice, the latter is not so widely used as the former.

托收可分为两种：一种是跟单汇票的托收；另一种则是光票托收。在实际操作中，后一种没有第一种广泛。

此例第二句中的 the latter 和 the former 分别替代前句中的 collection with a clean bill 和 collection with bill of exchange against documents。

③ Among all measures to develop national industry, a key one must be investment in upgrading plant, machinery and skills.

在所有发展国家工业的措施中，关键的一个就是必须在更新厂房、机器和技术方面进行投资。

此句中的 one 替代了意义上单数形式的 measure。

3. 小句性替代

小句性替代一般由形式词 so,this,that 来代替整个句子或句子中的部分内容。例如：

①The founder-members of the EEC believed that if the economies of the member states were linked, they would grow together politically. We shall have to wait and see if this is so.

欧洲经济共同体的发起国相信，各成员国如果在经济上联合起来，将在政治上也会共同发展。是否如此，我们将拭目以待。

该例句末尾最后一句的 so 替代前一句话中的 they would grow together politically。

②Following the OPEC oil embargo, for example, United State automakers began to make greater numbers of small cars and fewer of the large models they had previously produced. This did not happen because government intervention had ordered this charge.

欧佩克颁布石油禁运令之后，例如，美国汽车制造商开始打算生产更多的小型车而减少原有大型车的产量。这种情况之所以没有发生，是因为政府的干预控制了局面。

上述例句中，this 所替代的是分句 United State automakers began to make greater numbers of small cars and fewer of the large models they had previously produced。

（二）省略

省略与替代类似，因此也称为"零替代"（zero substitution），是指将语篇中的某一部分省略掉。省略也可以分为动词性省略（verbal）、名词性省略（nominal）和小句性省略（clausal）三种。

1. 动词性省略

动词性省略是一种主要出现在动词词组中的省略现象。动词词组既可以由一个实义动词构成，也可以由助动词和实义动词一起构成。因此，动词性省略之后有的有助动词，有的没有。例如：

Under this system, the value of a currency unit was not directly fixed or defined in terms of gold but rather(...)in terms of a currency which was fixed in terms of so much gold.

在这种货币制度下，一货币单位值不是以黄金形式直接确定或规定的，而是以一种由含金度多少而定的货币来确定的。

上述例句中将 but rather 后面的 was fixed and defined 省略。

2. 名词性省略

名词性省略是将名词词组的中心词省略掉，只保留限定词或限定词加前置修饰语。例如：

Attitude surveys focus on customers' perceptions of(...), and attitudes to, products and the companies who make them.

顾客态度调查主要是调查顾客对产品及厂家的认识和看法。

上例中在 perceptions of 后面省略了 products and the companies who make them。

3. 小句性省略

小句性省略指的是将整个分句省略,主要用于对话中,对于对话中已经提到的具体内容,在后面的对话中再提及时往往将其省略。例如:

A:Do you mean they are both named George?

B:No. One is Samuel, the other is Albert.

例句中的 B 在回答时将 No 后面的内容省略了,但是这对于话语意思的理解没有任何影响。

(三)衔接

词汇衔接指语段中一部分词的意义存在某种联系。具体而言,衔接方式有词汇同现、词汇重复、上下义词以及相似性。

1. 词汇同现

词汇同现指属于同一词汇搭配范畴或者某一领域的词汇在文章中同时出现,达到语义衔接的目的。

When consumers borrow money to buy a house, car or dish washer, they are paying higher rates because of the deficits.

消费者借钱买房子、汽车或洗碗机时,会因为财政赤字而支付比较高的利率。

该句中的 consumer, money, buy, paying 在语义上具有相关性,利用这些词使语篇更具完整性、连贯性。

2. 词汇重复

在语篇中重复出现的词一般都是一些关键词,这些词的重复出现既可以增强文章的气势,又可以使文章更加连贯。例如:

Lower tariffs will increase the imports of both agricultural and industrial products. Competition from foreign imports will force Chinese producers to lower their price and improve the quality of their products, to the benefit of Chinese consumers. Those firms that cannot compete will have to adjust, with some possibly going bankrupt. Foreign manufacturers operating in China will also provide competition. Local foreign producers have the advantages over importers of being able to use the low-cost labor in China and save the cost of transporting the final products to China. Financial and telecommunications firms in China will have to upgrade their products to service foreign competition.

3. 上下义词

上下义词中上义词的含义比较概括,属于抽象性意义,而下义词的含义较为具体。

例如：

Top students allow no interruption of their study time. Once the books are open, phone calls go unanswered, TV unwatched and newspaper unread.

优秀的学生在学习时杜绝任何干扰。只要一打开书，从不接听电话，也不看电视和报纸。

该例中，interruption 是 phone calls，TV，newspaper 的上义词；而 phone calls，TV，newspaper 是下义词。

4. 相似性

相似性包括两层含义，一个是"近同义性"，一个是"反义性"。这里的相似性与其具体意义没有关系。例如：

As dealers, the specialists are charged with maintaining an orderly market in the stocks in which they specialize. In carrying out this responsibility, specialists should be trading against the market—that is, buying if the prices of his stocks are declining and selling if they are rising.

该例中的 be charged with 和 responsibility 为近义词，两者都可以表示某种责任。又如：

When a balance of payments deficit is caused by something considered undesirable (such as heavy dependence on Mid-east oil), it may be that the government will seek a way to decrease such imports. When the same deficit is caused by something considered desirable (such as contributions to developing countries to foster their economic development), the government may be willing to draw clown its reserves for the purpose.

如果国际收支逆差是由不令人称心如意的原因引起（例如过分依赖中东的石油），结果就可能会使政府想方设法减少这类进口。但若国际收支逆差是因令人向往的原因引起的（例如帮助发展中国家发展经济），政府可能会乐意为此目的降低其官方储备。

上例中的 undesirable 和 desirable 形成一种反义衔接，表达了产生国际收支逆差两种原因的不同性质。

二、商务英语的指称衔接

（一）人称指称

人称指称指的是利用话语情境中的功能以及不同人称表现的指称。我们所熟知的人称代词有第一人称（I, we）、第二人称（you）、第三人称（he, she, it, they, one）。在人称指称中的人称代词与这些代词有所不同，其范围更加广泛，包括这些人称代词的主格和宾格（me, us, you, him, her, it, them, one），还包括其各自的形容词所有格（my, our, your, his, her, its, their, one's)以及所有格代词(mine, ours, yours, his, hers, its, theirs)。例如：

Japan has been able to export large quantities of radios and television sets because it can produce them more efficiently than other countries.

日本之所以能出口大量的收音机和电视机，是因为日本的生产效率高于别国。

从上面的句子可以看出，it 指称 Japan，them 指称 radios and television sets。

（二）指示指称

指示指称指的是说话人根据事物在时间和空间上的远近来确定所指对象的一种方法。指示指称主要通过指示代词如 this, these, that, those 和指示副词如 here, there, now, then 等来体现。例如：

①Central banks of the member countries were required to intervene in the foreign exchange markets to keep the value of their currencies within 1 percent of the par value. This intervention was achieved by buying or selling foreign exchange or gold. A given currency could, therefore, never rise above nor fall below fixed points, which are called intervention points, these are the prices beyond which the central bank intervenes. This is called the system of fixed exchange rates.

各会员国的中央银行必须干预外币市场以保持其货币价值在票面价值的1%之内。这种干预是通过买进或卖出外汇或黄金来实现的。这样，一种货币上升时不得高于、下降时不得低于固定点。这些固定点叫作"干预点"，超过了这些价格中央银行就要进行干预。这叫作固定汇率制度。

上面一段话的第 2 句话中的 this intervention 指称前一句话的谓语部分 were required to intervene，第 4 句中的 these 指上句中的 intervention points，最后一句中的 this 指本段内容中前四句讲述的这种干预外币市场的现象。

②Japan has been able to export large quantities of radios and television sets because it can produce them more efficiently than other countries. It is cheaper for the United States to buy these from Japan than to produce them domestically. According to economic theory, Japan should produce and export those items from which it derives a comparative advantage. It should also buy and import what it needs from those countries that have a comparative advantage in the desired items.

日本之所以能出口大量的收音机和电视机，是因为日本的生产效率高于别国。对于美国来说，进口日本货要比自己生产合算。根据经济理论，日本应该生产和出口那些因生产费用较低而获利的产品，购买和进口那些自己需要的、别国也因生产费用较低而获利的产品。

上面的一段话中，第 2 句中的 these 和第 3 句中的 those items 均指称第 1 句中的 radios and television sets，第 4 句中的 those countries 指称第 5 句中的 that have a comparative advantage in the desired items.

（三）比较指称

比较指称是指利用事物的相同性或相似性所达到的间接指称，主要由表示相同、相似或相异的形容词和副词以及形容词或副词的比较级体现的。比较指称具体可以分为以下三种：

1. 表示相似、相同指称关系

例如：

The principle of similitude states that the best foreign market for a company is the country that is the most like, or the least unlike, the markets currently served by the firm.

In other words, companies should seek to identify those foreign markets whose characteristics are very similar to those of their domestic markets. Making the right product policy decision is greatly simplified when the company sells in similar markets.

2. 表示相反关系

例如：

The firm may welcome some competition. Competitors' promotional dollars combined with the firm's spending may lead to a much greater expansion of the market than would have been possible without competition. A share of a very large market may mean more sales than 100 percent of a small market.

3. 表示好坏、多少、大小等比较关系

例如：

The APEC group of economies includes all China's most important trading partners and accounts for over 54 percent of its report and export trade if Hong Kong's trade is included while that of China and trade between the two economies are excluded from their total trade.

Among them are the United States and Japan. While the relationship with the United States is not free of problems (the human rights issue, arms sales intellectual property rights, illegal textile trans shipments the Taiwan Issue and market access for US products in China) and the relationship with Japan carries the burden of history, China shares more interests with the Asia Pacific economies than with other trading nations.

三、商务英语的连接

（一）因果连接

因果连接用于表示原因和结果，常用来表示因果的连接词包括 so, therefore, as a result, consequently, for that reason, the other words, in that case, if so, if not, that implies, then, therefore, thus 等。例如：

He says that he will love me for good. If so, I will be the happiest girl in the world. If not, I would kill him.

To run a business is like managing a big family. In other words, the "parents" must be excellent at administration; otherwise, the "big family" would break up.

下面是商务英语中因果连接的使用。在语篇中使用因果连接可以使内容之间结构紧凑,文章连贯。

Dear Sir or Madam,

I am writing about the heating unit you installed for us. Unfortunately, the heating system exploded, blowing a large hole in the roof.

I should like to remind you that we wrote to you on, December last year because it was making a strange noise, but you did not give us a reply.

We must insist, therefore, that you replace the heating system immediately and pay for our damages stock worth about US＄400,000.

Yours faithfully,

(二)增补连接

增补关系可以表示追加、否定、选择、比较、同位以及后续等逻辑关系,表示不同的关系需要不同的连接词。下面就对增补连接中的几种常见的增补连接词进行说明。

1. 表示意义引申

意义引申指的是一种顺接关系。在英语中表示意义引申的词主要有 again, also, and, and then, and besides, besides, equally, further, furthermore, in addition, additionally, in a like manner, in the same way, likewise, moreover, similarly, what's more 等。在商务英语信函中经常会使用表示意义引申的连接词。例如:

Dear Sir,

We welcome your inquiry of 14th May and thank you for your interest in our hand-made leather gloves. We are enclosing our illustrated catalogue and price-list giving the details you ask for. Also under separate cover, we are sending you a full range of samples and, when you have a chance to examine them, we feel confident that you will agree that the goods are both excellent in quality and very reasonable in price.

On regular purchase in quantities, of not less than five gross of individual items, we would allow you a trade discount of 30％. We also export a wide range of hand-made leather shoes in which we think you may be interested. They are fully illustrated in the catalogue and are of the same high quality as our gloves.

We hope the samples will reach you in good time and look forward to your order.

Yours faithfully,

2. 表示举例、例证

我们通常用基数词和序数词以及副词来表示举例。在段落中可以使用 next, then 等来引导,结尾项目还可以用 last(ly),finally,to conclude 等引导。表示例证通常用 for example,for instance,incidentally,in particular,in other words,namely,particularly,specifically,such as,that is 等。例如:

First, these countries were richly endowed with natural resources such as fertile arable land, forests, and mineral deposits.

Second, workers with various skills moved in great waves from overpopulated Europe to these mostly empty lands, and so did huge amounts of capital. Though data are far from precise, it seems that from 30 to 50 percent of total capital formation(i.e., investments) in such nations as Canada, Argentina and Australia was financed through capital inflows. The huge inflows of workers made possible the construction of railroads, canals, and other facilities that allowed the opening up of new supply sources of food and raw materials.

Finally, the great improvement in sea transportation enabled these new lands to satisfy the rising demand for wheat, corn, cotton, wool, leather, and a variety of other foods and raw materials more cheaply than traditional sources of supply in Europe and elsewhere.

(三)时间连接

时间连接主要利用时间词表达事件的进展等信息。

①表示某个时间以前的事态发展可用 earlier,former,preceding,previous 等。

②表示在某个特定时间点两个事件同时发生可用 contemporary,meantime,meanwhile,presently,simultaneously,at present,at this point,in the meantime 等。

③表示在某个特定时间以后的事态发展可用 following,later,next,afterwards,immediately,since,after that,since then 等。

下面通过语篇实例进行具体说明。

In 1998, Australia proposed the Asia Pacific Economic Cooperation (APEC) as an annual forum. The proposal called for ASEAN members to be joined by Australia, New Zealand, Japan, China, Hong Kong, Taiwan, South Korea, Canada, and the United States. It was initially modeled after the Organization for Economic Cooperation and Development (OECD). Since then, APEC's goals have become more ambitious. At present, APEC has twenty-one members and has the third largest economy of the world. The key objectives of APEC are to liberalize trade by 2020 to facilitate trade by harmonizing standards, and to build human capacities for realizing the region's pool of saving the most advanced technologies, and fastest growing markets. Therefore, companies with interests in the region are observing and supporting APEC-related development closely.

(四)转折连接

转折连接用于提示段落内容意义的改变,表示意义转折的语汇有 but,for all that,however, in spite of, nevertheless, notwithstanding, on the contrary, on the other hand, still, yet, whereas 等。例如：

I supposed that he would not meet the deadline. On the contrary, he over fulfilled his task.

On the questions of payment terms, however, we will make no concessions.

The workers kept working, notwithstanding the heavy rain.

（五）空间连接

空间连接主要利用的是方位词来表示空间概念，如 above, across, from, before, below, beyond, beneath, close to, down, further, in front of, next to, near to, on the left, on the right, opposite, on top of, over 等。例如：

The development in Asia has been quite different from that in Europe and in the Americas. While European and North American arrangements have been driven by political will, market forces may compel politicians in Asia to move toward formal integration. While Japan is the dominant force in the area and might seem to take leadership in such an endeavor, neither the Japanese themselves nor the other nations want Japan to do it.

第四节　商务英语的修辞特征

一、比喻

商务英语中的比喻有明喻和隐喻之分，其中又以隐喻为主。隐喻不仅是对语言的粉饰，还能折射出交往者看问题的角度或认知方式，甚至能映射出商务活动的发展方向和宏观态势。因此，这里主要介绍一些隐喻的例子。

China has suddenly become the fix-all for everything.

突然之间，中国成了解决一切问题的万能药。

上例采用隐喻手法，将中国比喻为"万能药"。

Most central bankers are hostile to the idea of puncture bubbles.

大多数央行人员对挤出经济中的泡沫持反对态度。

上例中，bubbles 的本义是"泡沫、水泡"，但在这里指资产价值超过实体经济而导致经济的持续发展能力不足、表面繁荣实际脆弱的一种危险的经济状态。这种经济状态解释起来比较费劲，且不容易明白。本例借助 bubbles 这个隐喻，使人们就通过对泡沫表面美丽实则容易破灭的特点而理解语句实际所要表达的含义，也使语句更加生动易懂。

The exchange rates are eating into our profits, and we can't do anything about it.

汇率变化侵吞了我们的利润,我们却无能为力。

上例中 eat 采用了隐喻的修辞手法,意为 the exchange rate is a fierce animal。

Cash cows require less investment and generate cash that can be used to invest in other business unites.

这种"摇钱树"需要的投资少、收益大,获得的回报还可以用于其他商业领域的投资。

本例原文中的 cash cows 是英语中的一个俚语,指巨大财源,带来滚滚财源的股票或生意,这里用牛吃草给人提供牛奶来隐喻投资少而收益大的生意或股票。

To get to the bottom the issue, our problem with human resources is a lack of qualified applicants, as well as not enough incentives to current employees.

从根本上讲,我们人力资源部的问题是缺少合格的求职者,对现有的员工也没有足够的激励措施。

本例原文将 issue(问题)比喻为一个有根据的系统整体,即大厦,用抓住大厦的根据来喻指"抓住问题最重要的部分"。

A whirlwind Asian tour that took her to Japan, Indonesia, and R. O. Korea, as well as Beijing, appeared to have served its purpose "to introduce America to the world and to bring a message... about how we are going to work with people to find common ground" as Secretary Clinton put it.

希拉里对亚洲的日本、韩国、印度尼西亚和中国的旋风式访问似已达到其目的,即"将美国重新介绍给世界,并传达我们将如何与他人民一道致力于寻求共识的讯息",希拉里国务卿如是说。

上述原文中的 whirlwind 本义是"旋风",是一种天气现象,在这里则用来比喻希拉里的亚洲之行路线和速度。

二、夸张

夸张是用夸大的言辞来增加语言的表现力,以揭示事物的特征、本质,突出某种情感和思想。虽然夸张手法有言过其实的修辞效果,但基本上还是符合事物本质特征的。在商务英语中,适当使用夸张能起到以下作用:

①有助于加深人们的印象。
②有助于引发联想、扩大特征。
③有助于增强商务语言的感染力。

因此,在商务英语中经常会遇到夸张的修辞手法。例如:

The nation watched agape Friday as the stock market suffered a history making collapse that shook professional and armchair investors alike.

当股票市场在星期五遭受有史以来的使专业投资者和非专业投资者都感到震惊的重创时,全国人民都目瞪口呆。

原文中的 agape 意为"瞪目结舌的",但是显然股票市场的重创不至于让所有人都目瞪口结舌,这里只是一种夸张的说法,用以表达人们的震惊程度。

They murdered us at the negotiating session.

谈判时他们枪毙了我们的方案。

该例中,murdered us 是夸张手法的运用,目的在于强调谈判失败的后果,使得表述更加生动有效。

三、拟人

拟人就是用描写人的词语来描写事物,以使物具有人的言行、思想和情感。在商务英语中,通过使用拟人的修辞手法,可使所述内容更加生动亲切,增强语言的感染力。例如:

A royalty is regarded as a wasting asset as copyrights, patents, and mines have limited lives.

如同版权、专利和矿井都有其使用寿命,专利使用费是一种可耗费资产。

原文中的 lives 实际上是采用了拟人的修辞手段,译文中"寿命"则将该拟人手法很好地体现了出来。

But while China's appetite for fine wines, expensive cars, high-end watches and even yachts is proving to be strong, Jebsen Group Managing Director Helmuth Hennig says the sector comes with a whole list of challenges.

但捷成集团董事总经理海宁说,尽管事实证明中国市场对美酒、豪车、高端手表甚至游艇确实有着很大的胃口,但这个行业本身有着一系列的挑战。

上述原文也采用了拟人的修辞手段,将中国市场人格化,形容其"有很大的胃口"。

四、借代

商务英语中经常使用一个具体形象的词来指代一个事物、一种属性或一种概念,即利用人的联想,将具体词的词义引申出来,从而使表达更为生动、轻松。例如:

The negotiants' eyes and ears run to everything the counterpart does.

谈判者们的注意力完全放在了对方的一举一动上。

上例使用了人体器官代功能的借代手法,用 eyes(眼睛)代指视觉,ears(耳朵)代指听觉,使表达更加生动、形象。

On the road of development, every company has its roses and thorns.

每个公司在其发展道路上都有成功与失败。

上例原文利用具体事物 roses(玫瑰)，thorns(荆棘)分别代指两个抽象的概念：发展过程中的成功，发展道路上的困难和失败，形象地表现出公司成长道路的艰辛。

One of the major advantages of an individual proprietorship is the ease with which it can start. These are few formalities, relatively little red tape and few fees to pay.

独资企业的主要优点之一就是企业启动比较容易，手续简单，相对而言无须太多的繁文缛节，所付手续费也比较少。

上例原文采用了借代的修辞手法，用 red tape 指代企业的各种繁文缛节。

五、反复

反复是指通过对某个词语或短语的重复来强调本体、表达情感的一种修辞手段。商务英语中常用反复来强调所表达的内容，以引起话语接受者的注意，具体主要表现在以下三个方面：

(一)关键词重复

重复某个关键词(Repetition of a Key Word)能够帮助语言发出者建立主题思想，让语言接收者有意识或无意识地熟悉这个词带来的信息。例如：

She is a leader：a leader in the workplace, a leader in her church, and a leader in the community.

她是领导：是工作上的领导，是教堂的领导，还是社区的领导。

该例中，通过对 leader 一词的重复实现了强调的目的，充分表达了其牢固的领导地位，从而将她的领导形象深深刻在人们心中。

(二)首句重复

首句重复(Anaphora)指开头段连续使用重复的短语或句子。例如：

Increased productivity must be our new motto.

Increased productivity must motivate our every action.

Increased productivity must haunt our dreams.

Increased productivity will ensure our success.

提高生产力必须是我们新的座右铭；

提高生产力必须激励我们的每一个行动；

提高生产力必须时常萦绕在心；

提高生产力将确保我们的成功。

该例中，对句首短语 increased productivity 进行了重复，从多方面说明了提高生产力的必要性，对这一观念进行反复强调，有利于该观念尽快深入人心。

(三)结尾重复

结尾重复(Antistrophe)是指结尾段落连续使用重复的短语或句子。与首句重复一样，结尾重复也是为了强调这些语句。例如：

Our stockholders will win.

Our employees will win.

And, best of all, our families will win.

我们的股东将会获益。

我们的员工将会获益。

另外，最让人高兴的是，我们的家族将会获益。

该例中，对句末短语 will win 进行了重复，强调了人们获益的范围是非常广泛的，即表明了这次成功将使所有人都获得利益。

六、对比

商务英语中经常使用对比手段，目的是使一个平衡对称的句子在意思上截然相反，从而形成强烈的对比。例如：

There is a large group of active and innovative companies who devote themselves to increasing the productivity. While there always a large group of laggard and stereotyped companies who devote themselves to gnawing government subsidy.

很多积极的、创新的企业都致力于提高生产力。然而还有很多落后的、守旧的企业致力于啃食政府补贴。

本句通过 active and innovative 和 laggard and stereotyped，increasing the productivity 和 gnawing government subsidy 两组意象的对比，既赞美了前者的创新精神，又批评了后者不思进取、腐败落后的企业作风。

七、倒装

在英语中，倒装句的使用主要是为了避免出现"头大身子小"的情况，从而保持句子的表述平衡。商务英语中使用倒装则往往是表达一种不确定的可能性，或者是为了强调和突出重点信息。例如：

We would allow you a trade discount of 20% on regular purchase in quantities, of not less than five gross of individual items.

On regular purchase in quantities, of not less than five gross of individual items, we would allow you a trade discount of 20%.

若你方能够定期大量购买不少于5种商品，我们将提供20%的折扣。

上面两个句子中，第一句的语序正常，并未强调或突出任何内容，因此表达显得平淡无奇；而第二句将介词短语 on regular purchase in quantities, of not less than five gross of individual items 提前至句首加以强调,从而使受话人更加重视这部分内容,有助于将承诺的条件表达清楚。

A sample of a similar cloth, of exactly the same color, which we have in stock, is enclosed.

Enclosed is a sample of a similar cloth, of exactly the same color, which we have in stock.

附上一块目前有现货的,颜色几乎一样的相似布料。

上面两句的意思相同,但使用的句型不同,表达效果也不同。第一句使用了正常语序,但由于主语过长,因而显得头重脚轻;第二句使用了倒装的语序,平衡了句子结构,使句子读起来更加顺口。

第七章 多元文化下商务英语谈判与语言交际技巧

第一节 商务谈判的内涵

国际商务谈判是一种跨国界的商务活动,在这个环境下,不同国家的文化在商务活动中进行碰撞。因此,了解商务谈判的内涵,并懂得不同文化背景对商务谈判的影响十分有必要。

一、商务英语谈判的概念

谈判是在人与人之间的交际中,为了满足人们的不同需求,协调各方之间的关系,通过采取一定的协商手段达到一致认同的行为过程,应用于商务领域,就是所谓的商务谈判。

在商务谈判中必然离不开语言,而通过英语进行交流的商务活动就是商务英语谈判。一般情况下,商务英语谈判主要集中于经济领域,围绕交际方自己的利益展开,达成交易,通过开展一定的信息交流活动,就双方对交际内容的各项要求进行合理协商的商务行为。可以说,商务英语谈判的过程实际上就是谈判人员运用英语进行沟通与交流并最终实现利益双赢的过程。

商务英语谈判的成功在很大程度上是由语言的运用得当与否决定的。在商务英语谈判中,交流双方都会选择恰当的语言来谋取优势地位。

商务英语谈判是一种运用英语进行交流的经济活动,获取统一的意见或者得到其他的结果是其基本的目的。作为一项基本的交流活动,它主要包含三个层面:一是需要建立良好的业务关系;二是一方能够影响到对方的行动;三是建立起个人或者整个企业的形象。

随着时代的发展,商务谈判的范围日渐扩大,国际商务谈判也应运而生。顾名思义,国际商务谈判是指在国际经济贸易交往中不同主体之间就商务上的有关事务所进行的磋商、会谈。商务谈判在争取自身利益的同时,还是文化之间的碰撞与沟通。由于商务活动主体的文化背景不同,在不同的政治、经济等因素的作用下,商务谈判的难度也相应增加。从这个意义上说,了解商务谈判与文化的关系,知晓商务谈判的文化准则十分有必要。

二、商务英语谈判的开展

商务英语谈判的开展需要谈判双方进行一系列的准备。下面对谈判地点的选择、谈判团队的组织与谈判人员的礼仪进行总结与分析。

（一）谈判地点的选择

谈判地点的选择主要涉及两个方面：谈判地区的选择和谈判场所的选择。

1.谈判地区的选择

谈判地区包括谈判主场、客场、中立地和主客场轮流。

（1）主场谈判

所谓主场谈判，是指对谈判某一方而言，在其所在地进行的谈判。主场谈判的优势在于：在熟悉的环境中谈判，可以有一种安全感；可以通过自己的信息渠道，充分收集有利资料；可以随时与自己的上级、顾问保持沟通等。

（2）客场谈判

所谓客场谈判，就是去对方国家进行谈判。客场谈判相对于主场谈判要被动一些，因为要准备各方面有关对方国家的资料，如风俗、礼仪等，加大了工作量。另外，除了受旅途劳顿之苦外，还可能因不适应环境而令心理紧张、情绪不佳。当然，客场谈判也可以免于主场杂事的干扰，方便全身心地投入谈判中。

（3）中立地谈判

中立地谈判就是在谈判双方所在地以外的地点进行谈判。中立地谈判的缺点是增加了谈判的成本，优势在于不存在倾向性，双方均没有东道主的地域优势，策略运用的条件也基本相同，对双方都是公平的。

（4）主、客场轮流谈判

主、客场轮流谈判就是在同一项交易中，谈判在双方所在地轮流展开。这种谈判需要的时间较多，耗时费力，容易产生意外。

2.谈判场所的选择

对于谈判场所的选择应考虑三个因素：环境要好；谈判桌选择恰当；座次安排得当。

（1）环境要好

谈判场所的环境好并不是高档、豪华，而是干净整洁、明亮大方、安静。好的谈判环境才有利于谈判双方注意力的集中。

（2）谈判桌选择恰当

谈判桌的选择既包括桌子的形状，还包括其摆放的样式。方桌可以使谈判更加正式、严肃，谈判双方相向而坐，有利于深入地探讨谈判内容。圆桌可以避免座次安排上的争议，提醒了平等交流。

（3）座次安排得当

一般正式的谈判双方都是相对而坐的，这样可以清楚地看到双方的交流过程与细节。在非正式的谈判中，双方也可以混坐在一起。这种方式较为轻松随意，可以调和谈判的紧张氛围。

（二）谈判团队的组织

谈判团队的组织工作是一项艰巨而具有挑战的任务。在商务谈判中,谈判者的素质对整个团队的成长和发展,乃至整个活动能否顺利完成都有着重要意义。选择谈判者就是一个最基本且重要的工作。

一个具有良好素质的谈判者应该是品质高、修养好、心胸宽广的。选择谈判者时,要考虑下列因素：

①基本要求。谈判者要清楚自己在团队中的职责与作用,忠于职守。谈判者要严守机密,遵纪守法,以企业和国家利益为重,谈判中坚持平等互利原则,充分发挥团队协作精神。

②基本素质。谈判者要有广博的知识,综合的素养。不同的谈判者有不同的性格特征,所以必须相互熟知彼此的性格特点,预见彼此处理问题的方式,从容面对谈判中出现的各种问题。谈判者还要有极好的心理素质,在谈判中要始终清醒、冷静,保持灵敏的反应,思维清晰,语言表达准确。

另外,要组建一个成功的谈判团队还应掌握其基本构成：

①主谈判。主谈判相当于整个团队的领导者,主要任务是管理、组织谈判人员。

②商务人员。商务人员要对商务规则十分熟悉,还要了解国际商务管理,以便在谈判中灵活运用各种规则。

③专业技术人员。专业技术人员多由技术专家或骨干担任,对商务谈判中各种产品、服务等技术问题了如指掌,以便在谈判中更好地提供技术支持。

④法律人员。法律人员除了要掌握基本的法律知识外,还要熟练掌握条款商定、合同签订等工作流程,以便更好地为谈判提供法律支持。

⑤财务人员。财务人员要熟知金融、货币支付等方面的知识。

⑥翻译人员。高素质的翻译人员可以帮助谈判双方准确地沟通。

⑦记录人员。记录人员要熟练使用记录符号,将谈判过程的主要信息记录下来。记录人员的任务较多,必要时可由其他人员帮助完成。

（三）谈判人员的礼仪

在商务谈判过程中,对谈判人员还有一定的礼仪要求,主要包括着装礼仪、称呼礼仪、会面礼仪和签约礼仪,下面对其进行具体的分析。

1. 着装礼仪

谈判者的形象代表其公司企业乃至国家的形象,同时也反映着其本人的修养与品位。因此,谈判者的着装一定要与组内成员保持一致,符合自己的身份,与谈判场合相称。由于谈判属于一种严肃、认真的事情,所以选择服装时要尽量避免艳丽、短小、不庄重的。通常,男士要穿套装、制服或长袖衬衫,女士要穿套裙、衬衣、长裙。

2. 称呼礼仪

在商务谈判中,不可以胡乱称呼,否则会给对方带来不快。通常,较为正式的称呼有:称呼对方的职务、技术职称、泛尊称。

3. 会面礼仪

会面礼仪涉及介绍礼仪和握手礼仪两方面。

(1) 介绍礼仪

谈判开始前,谈判双方的主谈判要各自介绍小组成员。介绍时要自然大方,态度不卑不亢。被介绍到的人要立即起身微笑,给对方舒适且被关注的感受。在介绍的顺序上,一般是女士优先,职位高的男士优先。

(2) 握手礼仪

握手礼是一门相对复杂的学问,包括基本礼仪、握手的力度、握手的时间和顺序。

基本握手礼。握手时要站立,以表示对对方的尊重;握手时要自然目视对方,要面带微笑;握手时要脱帽和手套。如果有很多谈判人员在场,要认真寻找握手对象,以免出现交叉握手情况。当然,不是所有国家见面时都会握手,如韩国和日本,他们多用鞠躬礼代替握手礼。

握手力度。握手的力度不可太重也不可太轻,太重会显得粗鲁或不礼貌,而太轻则会给人冷淡、不热情的感觉。

握手时间。握手的时间不可太长,也不可太短,国际上通用的时间为3秒钟左右。如果谈判最后达成了协议可以握得略长些。

握手顺序。握手的顺序同样遵循"女士优先"或职位高者提出握手,男士和职位低者伸手握手。

4. 签约礼仪

各个国家签约的程序基本一致。双方参与签字的成员入座,其他成员坐在签字人后面。双方助签字人员要站在签字人员的旁边,协助其完成签字过程。合同签订好后,由助签字人员互相传递文本,然后交由对方签字人签字,最后由双方签字人交换合同,相互握手。

三、商务英语谈判的语言特点

在商务交际活动中,商务谈判涉及与不同国家和地区的谈判人员运用英语进行交流,这也就在无形中形成了独具特色的语言特点。概括起来,商务英语谈判具有客观性、准确性、针对性、逻辑性和灵活性的语言特点,下面对其逐一进行分析和说明。

(一) 客观性

在商务英语谈判中,为了体现出对对方的尊重,谈判的过程中谈判人员会以客观事实为基础,采用恰当的语言及语言技巧适时地将自己一方的信息有效地传递给对方。因此,商务英语谈判中的语言也就呈现出了一定的客观性,并且客观性的语言表达是在尊重客观事实的基础上展开的,这样更有利于吸引并赢得对方的信任与好感,并促进谈判的顺利进行。商务英语谈判主要涉及卖方和买方两个主体,商务谈判语言的客观性对于二者而言有着不同的表现。

对于卖方而言,商务英语谈判中语言的客观性主要表现在以下四个层面:

①确保商务的报价真实、合理。

②真实地介绍产品的质量和性能。

③实事求是地进行产品宣传活动。

④如实地反馈消费者对该产品的使用评价。

对于买方而言,商务英语谈判中语言的客观性主要表现在以下三个层面:

①切忌过于夸大自己的购买力度。

②中肯地对商品的质量和性能做出合理的评价,不能按照个人的主观愿望随意地对其进行褒贬。

③讨价还价的过程中要有一定的依据,不能毫无根据地胡乱压价。

(二)准确性

商务英语谈判中不可避免地会涉及双方的利益,这就需要谈判人员在谈判的过程中,能够使用正确的商务英语专业术语,将自己一方的谈判目标和相关的谈判条款清楚地传递给对方。

商务英语谈判中语言的准确性主要体现在以下几个方面:

①在商务英语谈判过程中,如果提到关于时间、地点、商品的价格和数量等词时,谈判人员不能使用 maybe,about 等模糊词汇,需要使用准确的数字加以表达。

②在商务英语谈判中切忌使用地方方言或者习惯用语与对方进行交际。例如,"Sorry, I'm in a hurry home, I need to go first."这一表达是典型的广东式语言表达,如果在商务英语谈判中用这样的话语进行表达,会让对方充满疑惑和不解,当然这也会对谈判的顺利性造成一定的语言障碍。

③在商务英语谈判中,交际双方要尽可能地避免使用粗鲁或者带有某种意识形态分歧的语言。例如,在谈判中表达自己愤怒或者不满情绪时避免使用 damn,shit 等粗鲁语言,也避免使用"Jesus!""Oh my God!"等带有某种意识形态的语言。

另外,商务英语谈判语言的准确性除了词汇表达的准确性之外,语音语调运用的准确性也非常重要。在商务英语谈判的过程中,通过认真地分析谈判人员的语言语调,从中准确地推测出谈话中所表现出的态度和情绪,从而有效地组织适当的商务英语谈判语言进行交际,这对商务英语谈判起着非常重要的作用,甚至还会收到意想不到的效果。

(三)针对性

由于商务英语谈判的人员来自不同的国家和地区,有着不同的文化背景,这就导致在商务英语谈判过程中需要根据对方的具体特点进行有针对性的谈判。这就是商务英语谈判语言的针对性。

具体而言,对于不同的性格、性别、年龄、观念、国家的谈判人员,需要在谈判中根据其特点采用不同的语言表达,即对症下药,从而做到有的放矢。

另外,谈判阶段和谈判主题的不同也需要使用针对性的商务英语谈判语言。例如,在谈判的初始阶段,为了给双方创建一个轻松的谈判氛围,可以使用一些官方的外交话语或者文学用语进行交流与沟通,不断地增进谈判双方之间的情感交流。谈判的过程中,尤其是谈判的磋商阶段,主要涉及双方利益问题的谈判时,这就需要谈判人员运用相关的商务英语专业语言和法律语言增加谈判语言的表达力度,还可适当地借用文学用语,有效地做到软硬兼施,争取在谈判的过程中逐步把握良机,成功地完成商务英语谈判。

(四)逻辑性

谈判语言具有一定的逻辑性,这主要体现在商务英语谈判中的语言运用在明确概念、合理谈判的前提下进行符合逻辑的推理,确保结合相关的事实信息有力地说服对方,让对方接受自己的谈判观点和看法。谈判人员要确保谈判语言的逻辑性需要做到以下两点:

第一,谈判人员具备相关的逻辑学基础理论知识,并且在谈判开始之前进行充分的准备工作,如备好谈判所需的信息资料等。

第二,对与谈判相关的信息进行科学、合理的分类,便于谈判人员熟练、有序地掌握所需信息,也便于将这些信息很好地用于谈判过程中。

只有做好这些前提准备工作,谈判人员才能在商务谈判的过程中有序地与对方开展讨论活动,有效地进行逻辑推理,最终令谈判活动朝着对自己有利的方向发展。

(五)灵活性

虽然谈判双方在谈判之前都做好了充分的准备工作,但是商务英语谈判的过程是变幻莫测的,商务英语谈判人员很难对交际对手所要表达的内容、所采取的谈判策略进行有效的预测,这就需要谈判人员灵活地应对各种突发状况。例如,在谈判过程中,注意察言观色,从对方的表情、眼神等非言语中能够准确地获取对方所传递的无声的语言信息,对这些信息进行合理的分析,灵活地组织语言进行随机应变。这也致使商务英语谈判的语言呈现出了灵活性的特征。

第二节 文化差异对商务谈判的影响

在商务英语谈判中,所涉及的文化因素主要包括个人的衣着行为、个人的信仰价值以及标准的行为模式三个方面。由于文化差异的存在,商务英语谈判势必是不同文化的碰撞。因此,只有了解文化差异对商务英语谈判的影响,才能克服文化差异的障碍,促进谈判的顺利进行。

一、文化差异对商务英语谈判时间的影响

第一印象对商务英语谈判起着至关重要的作用,甚至关系到商务英语谈判的成功与失败。商务英语谈判中,守时是任何国家都比较认同的一个问题。当然,不同的国家对时间有着不同的认识和理解,这就需要谈判人员对对方时间有一个清晰的认识。只有知己知彼,才能百战不殆。下面通过对不同国家在商务英语谈判中对时间的差异把握进行介绍,借以令商务人员在商务英语谈判开展之前充分地做好时间方面的准备工作。

(一)英国

英国人有着极强的时间观念,所有活动都要提前预约。英国人很看重准时,一般都要提前几分钟到达。

(二)法国

法国人也认为,商务活动要严守时间。如果有很重要的事,一般是不需要提前预约和通知,因为他们的日程安排都不是太长,即使有预约,也要在前几天确认一下,确保是否计划有变。法国人通常不会提前制订下一个月的日程计划。

(三)新加坡

新加坡的高层管理人员常常出差,所以有商务谈判等活动必须提前预约。新加坡人认为,商务交往必须准时赴约,否则会给人留下很不好的印象。

(四)韩国

韩国人认为,约会见面必须提前预约。即使迟到,也不可以自己迟到,允许对方迟到。

(五)俄罗斯

在俄罗斯人的时间观念中,约会必须有预定,一定得准时抵达约会地点,对方迟到也是可以被原谅的。

(六)德国

德国是一个谨慎的国家,特别体现在时间上,他们的时间观念也很强。在德国,如果有一方在谈判或会议中迟到,那么一定会失去另一方对他们的信任。

二、文化差异对商务英语谈判问候的影响

介绍是商务交往中不可或缺的一个环节。通常,介绍包括自我介绍和介绍他人两种情况。其中,自我介绍多是自己主动向他人介绍自己,也可是应他人请求而展开介绍。介绍他人就是由某人为彼此素不相识的双方相互介绍、引荐,这将利于谈判双方锁定谈判对象,利于建立人际关系。当然,不同国家的引见与问候的文化不同。下面就对主要国家的接见礼仪进行介绍。

♠ 多元背景下的英语语言交流与实践

(一)英国

英国人的绅士风度享誉全球。在初次见面时,他们多行握手礼。在商务活动中,进行自我介绍的同时要与对方有一个坚定的握手,还要进行视觉接触和热情的问候。在自我介绍时,仅说出自己的姓与名即可。握手时用右手,伸手动作要大方。如果对方的身份较高,要等对方伸出手后再与其握手。随后如果有业务上的谈话,还可进一步交谈,送上名片。见面时,不可以随意拍打对方。称呼时,男士用 Mr.,未婚女士称 Miss,已婚女士称 Mrs.,如果对方有头衔,最好加上头衔。

(二)法国

法国人见面时也会行握手礼,并说一声"先生,幸会"。在他们的名片上,要求将自己的身份都详细地列在上面。法国人相互以先生、夫人和小姐称呼,不需加上姓。如果有较高地位的人进入房间,男士要起身相迎,以表敬意。在商务会议的自我介绍中,要报出自己的姓名及担任的职务。

(三)韩国

韩国人见面时除了行鞠躬礼还要握手。这里的握手还有很多讲究,如晚辈与长辈握手时,要将左手放在右手之上,以表尊敬。对长辈、上级或初次见面的客人要用敬语问候。称呼时,要以头衔相称,因为韩国人多姓金、朴、李。韩国人在相互问候时要微微低头,握手时也要两眼直视对方。在韩国社交活动中,女士通常不握手。初次见面行握手礼,在女士没伸手前,不可急于与其握手。商务人士进入会场时,要按级别顺序行礼,行礼也要等接待方停止后才可停。会议开始和结束时都鞠躬,结束时鞠躬时间要略长些,切记不要忘记交换名片。

(四)德国

德国人双方见面时行握手礼,如果戴着帽子,要先脱帽再握手,并报上自己的姓。握手时要有目光交流,手的力度要坚定、短暂。在商务见面会上,一定要将自己的名片发给大家,还要留意对方的职位,以便之后能准确称呼对方。

(五)俄罗斯

俄罗斯人在一些不太熟的朋友间或社交场合中,晚辈对长辈、下级对上级都要使用尊称。必须分清"您"与"你"。对于不太熟悉的人或长辈、上司都用"您"。为了表示亲切,上级也可以对下级用"您"。对平辈或晚辈的家里人、很熟的人,不须客气或尊重的人,则称"你"。俄罗斯人相互熟悉后,见面时多会用拥抱、亲吻双颊表示热情,而男士对女士则会以吻手来代替。

(六)澳大利亚

在澳大利亚,人们见面或告别时都会热情地握手,彼此用名相称。在商务往来中,为了礼节,人们都会用"先生""夫人""小姐"等称呼对方。另外,"伙伴"是澳大利亚人常用的称呼,用来表示友好。

三、文化差异对商务英语谈判礼物的影响

目前,国际贸易领域的发展和变化速度都很令人惊叹,国家间的贸易往来无处不在,无时不有,各国的商务人士交往越来越密切。在激烈的商务谈判中,人们逐渐意识到"软推销"的重要性。因此,赠送礼品就成了众多商务人士实现有效沟通的重要手段。然而,如何选择礼物始终是各国人士需要提前做好的一门功课。首先,要考虑到各个国家的风土人情,有哪些忌讳和喜好;其次,要根据对方的身份、地位选择合适的礼物;最后,送礼的时间也要经过深思熟虑,否则很容易引起不必要的误会或麻烦。下面,就不同国家赠送礼品的商务习俗和禁忌展开讨论。

（一）英国

英国人不在乎礼物的贵重,可以是高级巧克力,也可以是名酒或鲜花。英国礼物中不可以有服饰、香皂等,他们认为这些物品侵犯了隐私。另外,选择鲜花品种时也要注意,他们避讳菊花和百合。

（二）法国

法国人比较特别,他们喜欢本土出产的奢侈品,如白兰地、香槟、带有艺术性和美感的礼品等。当然,法国人避讳的礼品也有很多,如笨重、奢侈的礼物,剑、刀叉、餐具;菊花、牡丹花、康乃馨、杜鹃花、纸花、及各种黄色的花、捆扎起来的花;带有仙鹤图案的礼品;带有数字13的礼品。

（三）意大利

意大利对礼物也没有过多的要求,可以是小而朴素的名牌钢笔、钥匙链、钱包、日记本、计算器等。他们讨厌菊花,也不喜欢紫色、黑色或金色的纸包装。

（四）德国

德国人更偏爱高质量的物品,大小无所谓,礼物的包装一定要有讲究。德国的礼品避讳白色、黑色或咖啡色的包装纸;也不喜欢用丝带作为包装。

（五）澳大利亚

澳大利亚人通常都很友好、不拘小节,对礼物没有太多要求。澳大利亚人送的礼物可以是商用记事本,也可以是咖啡杯,还可以是领带、帽子或大头针。澳大利亚人避讳贵重的礼物。

（六）日本

日本与中国类似,认为"礼轻情意重",喜欢用红色彩带包扎起来的礼物。在日本人心中,双数和9是不受喜欢的。他们还讨厌在礼品包装外用丝带打成蝴蝶结。对于礼品,日本不希望是动物形象,特别是带有狐狸、獾等图案的。此外,梳子也是日本礼品中禁忌的选择。

（七）俄罗斯

俄罗斯人对礼物的包装没有太多的要求。他们喜欢单数的鲜花，最喜欢的数字是7。俄罗斯送礼时可以选择：名牌电脑、照相机、手表、化妆品、香烟、酒、食品等。但是，钱和手帕是他们最不能接受的礼物。俄罗斯人最不喜欢的数字是13和星期五。

四、文化差异对商务英语谈判思维的影响

在进行商务谈判的过程中，思维始终发挥着重要的影响作用。由于中西方文化的不同，在进行商务英语谈判过程中谈判人员的思维也具有差异性。在商务英语谈判过程中，谈判人员思维上的差异对谈判决策有着直接的影响。

五、文化差异对商务英语谈判风格的影响

谈判风格指的是在谈判过程中，谈判人员所表现出来的言谈举止、处事方式、习惯爱好等。由于各国的历史传统、政治制度、经济状况、文化背景、风俗习惯等存在明显差异，所以各国在商务谈判中的风格也不同。下面就对几个国家的谈判风格进行阐述。这些谈判风格的差异对于商务谈判的进行也有着重要的影响。

（一）中国人的谈判风格

中国人的谈判风格从总体上表现出以下几个特点：

1. 明确决策程序

决策结构与关系相同，人的因素是决定性的。从一定程度上讲，中国企业的决策系统非常复杂，企业类型繁多，差异较大。企业中的高层领导对谈判具有决策权，如果能得到他们的认可和接受，将有利于谈判的成功。

2. 时间观念

我国坚持"欲速则不达"的思想，抵制"拔苗助长"的做法。所以，在商务交往中常常因时间观念差而导致谈判的失败。如果中国人认为时机不够成熟，他们宁可按兵不动，也不会草率行事。当然，随着市场经济的发展，中国人的时间观念得到了一定的改善，工作效率也得到了提高。

3. 沟通方式

中国人讲究人与人之间的和谐与平等。在商务谈判中，商人不能接受直接、强硬的态度，对对方提出的要求也多是含糊其辞、模模糊糊的回答，或者转移话题。但是，无论是什么话题，谦虚、礼貌都是始终倡导的。

4. 对合同的态度

中国传统的观念认为，关系胜于法律。直到改革开放以后，中国的法律建设和执法制度都得到了加强，人们的法律观念和合同意识也得到了提高。

(二)日本人的谈判风格

1. 谈判关系的建立

日本人的谈判方式较为独特,他们被认为是世界上"最难对付的谈判对象"或称"圆桌武士"。因此,在谈判初期,他们会想尽办法找一位与他们有业务关系的人或有业务往来的公司做谈判初始的介绍人。日本人也习惯通过私下的联系建立关系。为了更深入地了解谈判对手,他们还会邀请对方去饭店或其他场所。

2. 决策程序

日本人的决策程序常常令组内所有成员都能感受到自己参与的重要性。首先,决策是自下而上的,最后由上司批准。其次,决策需要得到现有成员的认同,然后集体决策。

3. 时间观念

由于日本人的决策需要经历各个环节,所以其速度较为缓慢,并经常引起别国谈判者的强烈不满。因此,想与日本人快速地完成谈判是不太可能的。他们对截止日期和时间多是视而不见,不受各种压力的影响,始终保持冷静。另外,日本人要想在谈判中畅所欲言,他们必须用大量时间与谈判对手建立私人关系。

4. 沟通方式

日本人特别注重"面子",不会在公共场所与周围人发生任何冲突,他们多会使用委婉、间接的交流方式。尽管大家熟知了日本人表达的方式,但有时他们肯定的表达中可能代表着否定的意义。因此,别国人经常因这种间接表达与日本人产生误解。

日本商人的决策通常都是不可改变的,因为要想改变必须经过所有成员的同意。

日本商人也特别注重礼仪。为了表示对对方的感激之情,他们多用馈赠礼品或热情款待的方式表达。

5. 对合同的态度

日本人认为,在业务往来中信任最重要,不需要太详细的合同。所以,他们的合同一般都很简单。他们多使用口头协议,书面协议多用于纠纷中的一个参考文件。

(三)德国人的谈判风格

德国人素以严谨著称,其十分重视体面,民族的优越感十分强烈。这种民族特性给他们的商务谈判带来了一定的优势。一般来说,德国人在谈判之前就会推敲好谈判细节,在谈判过程中一旦确定就很难有松口的余地。签订合同前,德国人习惯重新审视每个条款之后再签字。一旦合同签订成功,商务活动双方都需要严格按照合同进行。同时德国人对谈判礼节十分重视,希望谈判对方也遵从礼节。

第三节 跨文化商务谈判中的语言交际技巧

在复杂的商务英语谈判环境中,针对不同商务活动主体的文化特色,使用有策略的谈判技巧成为赢得谈判的重要砝码。

在跨文化的背景下,商务英语谈判首先应该尊重不同商务活动主体的文化差异,树立正确的谈判意识。在谈判过程中学会尊重不同的文化,真诚对待别人,切勿拿本国的文化去衡量他国的行为方式。成功的跨文化商务谈判肯定是以谈判双方互相尊重为前提的。

商务活动进行的最终目的是赢得一定的经济利益。由于跨文化背景的存在,在商贸过程中难免出现一定的纠纷。因此,谈判参与人员增强自己的文化观念,使用相关法律维护自身权益十分有必要。

除此之外,语言交际技巧也是保证谈判顺利进行的重要因素。可以说,语言表达是影响谈判成功与否的直接因素。在跨文化商务谈判过程中,可以使用以下几种技巧保证谈判的顺利进行:

一、巧妙使用模糊语言

语言表达有模糊和精确之分,针对不同的语言表达环境使用不同的表达形式十分有必要。模糊的语言表达和精确的语言表达,二者缺一不可。在跨文化商务英语谈判过程中,为了提高语言表达的准确性,避免不必要的误解,有时可以通过巧妙使用模糊语言的形式来实现交际目的。

所谓模糊语言,就是用一些意义上模糊的词语表达原本无法或不愿表达的事物。模糊语言也是商务谈判中的一个重要技巧和策略,多用于以下几种情境之中:

(一)用于复杂的谈判过程

国际商务谈判是一个涉及诸多内容的复杂过程。当遇到一些无法回答的问题时,多可使用模糊语言的方法。例如:

We'll get in touch with our manufacturers and try our best **to advance the time of delievery.**

我们将与厂家联系,尽量把交货时间提前。

Our foreign trade policy has always been based on **equality and mutual benefit and exchange of needed goods.**

我们的对外贸易政策是以平等互利、互通有无为基础的。

在上面两个例句中,通过黑体部分的表达能够体现出说话人的态度,从而有利于后续活动的进行,同时由于表达的模糊性,在某种程度上也为自己争取到了一定的贸易时间。

(二)用于不宜直说的场合

受某些场合的限制,很多时候,参加谈判的人员会避免直言,以免伤害对方。此时,使用模糊语言就非常有效。例如:

We have always insisted on the principle of "equality and mutual benefit and exchange of needed goods", but we have adopted much more flexible method in our dealings nowadays.

我们一直坚持"平等互利、互通有无"的原则,但我们现在的做法比以前灵活多了。

Well, I'm here at your disposal.

好吧,我正想听取你的意见呢。

在第一个例句中,谈判人首先表明了己方的商贸原则,然后在此基础上使用模糊语 much more flexible method,从而表明了自己的态度,但同时也给自己留出了余地。第二个例句通过 at your disposal 的模糊表达,将话轮巧妙地转到谈判对方那里,化被动为主动。

(三)用于避免冲突的场合

贸易谈判的首要目的,即保持和谐的氛围,避免产生紧张的局面,有时还要解救对方的面子。此时,使用模糊的语言是有效的办法。例如:

A: If that's the case, there is hardly any need for further discussions, we might as well call the whole off.

如果真是这样,那我们就不必再谈下去了,整个交易就此告吹。

B: What I mean is that we'll never be able to come down to the price you name. The gap is too great. Well, in order to get business, we are quite willing to make some concessions.

我的意思是,我们不可能把价格降到你说的程度,距离太大了。好吧,为了成交,我们很愿意做些让步。

在上面的谈判对话中,A 通过 call the whole off 表达出了自身的强硬态度,B 通过 quite willing to make some concessions 的模糊表达,既回应了 A 的态度,又给了对方余地,是商务谈判中经常使用的语言表达。

二、正确使用礼貌用语

礼貌和体谅的语言对商务谈判也有着很大的促进作用。彬彬有礼的演说总能在观众的心中树立起一种正直、热情、良好的文化素养和职业道德的形象,利于与他人的合作。礼貌用语的形式主要有下面几种:

(一)请求式代替命令式

这是用以 will 或 would 开头的疑问句代替祈使句。例如:

Will you tell us more detailed information on your requirements?

请将贵方所需详细信息告诉我方。

Would you please make your lowest quotation CIF San Francisco?

请报旧金山最低到岸价。

(二)用过去时虚拟语气

运用过去时的虚拟语气可以使语言表达委婉、礼貌,有利于改进谈判的效果。例如:

We wish you could effect insurance on the goods with PICC.

希望贵方能向中国人民保险公司投保该货。

We would ask you to make a prompt shipment.

务请贵方即期装运。

You might make shipment a little later, that is, by June 10.

贵方可延迟点装船,那就是说,到 6 月 10 日吧。

(三)态度缓和的语言表达

缓和的态度不仅体现在行为上,还体现在语言上,缓和的语言可以减少对对方的刺激,利于谈判意见的统一。例如:

We would think that you have broken the agency agreements signed by both of us.

我们认为贵方违背了我们双方签订的代理协议。

We would suggest that you should cut down your price by 10%.

我方建议贵方应当减价 10%。

三、恰当使用逻辑语言

在贸易谈判中,语言的准确规范对教程协议或签订合同都有着重要意义。因此,贸易双方必须使用逻辑性的语言。具体要做到下面两点:

(一)使用正式的法律语言

合同或协议都是具有法律效力的正式文件。在签署合同和协议的谈判中,必须使用法律语言。例如:

In processing transactions, the manufactures never have title either to the materials or to the finished products.

在加工贸易中,厂方对原材料和成品均无所有权。

(二)使用正确的表达方式

正确的表达方式主要体现在以下几个方面:

1. 选择唯一准确的词语、数据和事实

例如:

We require quick(prompt)delivery of our order.

我方要求贵方迅速交货。

This contract will come into effect from and including Oct. 1, 2004.

本合同从 2004 年 10 月 1 日起生效,包括 10 月 1 日在内。

2. 避免言过其实或词不达意

例如:

错误表达：

It is the lowest price available to you.

这是你方能得到的最低价。

正确表达：

It is the lowest price we can offer now.

这是我方现在报给贵方的最低价。

3. 正确理解和使用商业术语

例如：

Offer firm：TCL－2 color TV is US MYM800 per set CIFC3 EMP.

现报实盘：TCL－2型彩电的欧洲主要港口到岸价每台800美元，含佣金3%。

在商务谈判过程中，文化能起到重要的导向作用。通过对谈判对方文化的了解能够推测其在不同的商务环境下的反应，从而有利于自身谈判目的的达成。同时应该注意，在谈判过程中不能以自己的文化去理解和要求谈判对方，而应该根据对方的谈判文化与风格制订具体的谈判策略。跨文化商务英语谈判对谈判者的文化素质要求很高，忽视文化差异，缺乏有效沟通都会增加谈判难度，最终丧失自己的商业机会。

第八章 多元文化下英语教师语言意识研究

第一节 反思型语言教师教育的理论与实践

在当今的英语教师教育研究和实践领域,有关反思型英语教师的话题已经成为这时期的热点,甚至成为教师教育的主旋律。自 20 世纪 80 年代以来,随着"反思"成为国际语言教师教育研究者关注的焦点,美国、加拿大、英国和澳大利亚等国家越来越多地对该术语加以运用,并很快影响到其他国家的语言教师教育理论和实践,成为国际英语教师教育改革的重要发展方向。在我国随着素质教育实施和新课程改革的推进,"反思"一词开始引起我国语言教师教育研究者的关注,并从实践层面关注教师的"反思",以促进英语教师的专业发展。

一、传统的英语教师教育

(一)国际语言教师专业发展取向

英语教师专业发展问题是语言教师教育中人们关注的重要议题之一。世界教师专业发展在很长一段时间里主要致力于教师群体的专业发展。这种专业发展的取向是一种通过提高教师整体专业性来提高教师的社会地位,主要通过教师组织以罢工、集体谈判等重要斗争形式来谋求社会对教师职业专业性的认可,维护教师的集体权益,促进教师工作条件改善和经济水平的提高。这种取向虽然对教师群体发展起到一定作用,然而事实证明,通过罢工和谈判等"暴力"手段,很难促进教师专业发展和社会的普遍认可。因此,另外一种取向随即问世。这种取向主要通过专业发展制度来提高包括语言教师在内的各类教育工作者的专业化水平,改善教师的社会服务的专业水准。主张教师组织内部通过自治、资格认定和较高的入职标准等办法,促使教师整体专业素质提高。这种取向已经成为当下指导语言教师专业发展的模式。

通过严格的专业标准这一刚性手段对专业制度建设是有益的,可以把合格教师留下来,清除不合格的人,却不能使每一个语言教师的专业知识、技能、情感与态度不断提高和改进。另外,可能迫使一些教师为了得到社会的承认,只能屈从于制度化的标准,被动地执行外部世界强加的为他们制定的专业标准和工作规范,而与那些有针对性的有益于个体语言教师专业成长的所通过的专业指导失之交臂。随着社会现代化的异化以及工业管理模式逐渐被移植到教育领域,语言课程目标、标准、内容组织和实施与评价等,都被"科学化"和"标准化",语言教师成为一位"教书匠",用设计好的教学目标进行语言知识和技能的传授。此时的专业发展就仅限于语言专业知识和技能的成熟度;教师的专业能力受到学科知识、教育原理和技术手段的制约,学科教学知识,即 PCK 往往被忽略;语言教师的专业实践被解读为可以通过学科知识、教育原理和技术的学习与掌握"教授"给教师的过程,语言教师彻底"被专业化",语言教师所承担的角色是技术性的这将造成很多不利影响。

（二）反思型教师培养的兴起

技术理性指导下的语言教师专业发展模式,关注教师正确的、优秀的、可操作的教育教学技能、策略和行为训练以及大规模教师产出,要求教师忠实执行有关教学步骤和策略,按照教师评估标准实施教学,不需要教师在具体情境中思考自己的困惑和教学行为的后果。随着社会的发展和学科进步,尤其是 20 世纪 80 年代,教育领域迅速崛起的反思性教学理论和实践波及不同学科的教学,技术理性指导下的教师个体的被动发展已不能适应社会变迁对教师专业的需求,于是以反思实践培养反思型教师为特征的教师个体主动专业发展新模式就自然而然问世了。

综观国内外研究可以发现,有关反思型语言教师的培养或多或少存在于教育教学理论研究和教育教学实践中。事实上,反思型教师教育模式产生是伴随着反思性教学的诞生和发展而不断演进的。20 世纪后期,在教育领域反思性教学理论的迅速发展的影响下,应用语言学界的又一新理论——反思性英语教学诞生了。在英语教育领域,由于这一概念的研究起步较晚,广大英语教师对此还是陌生的,但它提供了一个系统理论,由教师亲自参与构建理论的实践活动,对当今英语教学具有切实的指导意义,已经被广大英语教师所共识和青睐。自 20 世纪 90 年代以来,随着全球化和国际化的加速,英语成为国际通用语言日益凸显其重要性,英语作为英语的教学工作在世界各地发展迅速,对英语教师的需求自然也在大幅度增长,在质量上要求更高。在此形势下,首先是一些从事语言教育的应用语言学者和研究者接受了反思性教学这一理念,在英语教学过程中大力提倡反思性英语教学。

从"语言教学""反思""反思型教师"的决定入手,探究了英语教师的反思过程。语言教学是一种有意识的行动,受到信息社会和信念制约,但这并不意味着语言教学必须是外界强加的行为,教学是师生互动过程,通过各种关系的交流并做出反应,从而达到共享经验和理解知识的目的。在教师看来,反思具有双重内涵,一方面反映了个人思想和行动的关系,涉及教师心中的主观意念;另一方面反映了教师个体和社会的关系,通过教学达到教育的目的。因此,一个反思型英语教师应从传统重视"如何教"转变为深入思考"为什么教"与"教什么"两个问题。反思性教学具体过程可分为:记录要点(Mapping)、通报(Informing)、质疑(Contesting)、评价(Appraisal)和行动(Acting)等重要环节。

总而言之,20 世纪 90 年代以来,反思性英语教学发展很快,在理论上不仅吸纳了教育领域的反思性教学理论和实践成果,而且能够很好地结合英语学科教学的特点,形成自己的教学策略体系。目前,在反思性教学研究和实践领域中,重点是运用反思性教学理论来提高英语教师的反思意识和教学水平,目前英语反思性教学仍然是英语教学领域的一个新兴学派,与日趋成熟的教育领域的反思性教学理论和实践相比,反思性英语教学仍然处于成长阶段。

二、反思型英语教师的特征

通过研究可以发现,与传统的经验型、技术型教师相比,反思型英语教师在认知、情感、意志等方面表现出一定的特殊性。反思型教师作为学习者关注探究法和发现法的运用,体现了较强的自觉性;他们作为观察者会根据具体情况重新思考教学决策的结论和论断,体现了教学过程中的创新性;作为教学的批评者能够以开放的姿态看待事物,易于接纳新思想,体现了教学中的过程性和自觉性。具体而言,反思型英语教师特征可以从认知、情感、意志、行为几个方面加以分析。

(一)认知特征

1. 英语教学观念的正确性和创新性

教育观念是一种有关英语教育教学实践的认识,有可能是感性认识,也有可能是理性认识,以知识体系或理论体系方式呈现。它包括英语教育观、学生观、英语活动观、英语学习观以及自我发展观等。它不仅影响英语教师的教学行为,而且对教师的学习和成长还具有重大影响。首先,英语教育观念的形成和转变是英语教师角色转化的前提。传统英语教师作为知识的传授者,其学生成为语言知识和技能接收器,这种观念严重影响了师生教与学的互动过程。而现代的反思型教师则成为教育教学引导者、协商者和语言学习环境的营造者,当前英语教学改革、教学方法的更新都是通过英语教师得以进行的,因此英语教师必须自觉提高自身素质,更新观念。其次,英语教师的教育观念是教师教学行为决策的内在依据。英语教师观念在教师素养结构中居于最高层次,对其他行为有很大影响,通过英语教师教育教学行为表现出来的观念,往往决定了英语教学效果,也会对学生身心发展和语言能力的发展产生深刻影响。因此,英语教师的教育观念是教学决策和教学行为的内在依据。最后,英语教育观念的更新是树立正确教师观念的内核。就目前我国英语教师队伍状况来看,英语教育观念的更新已经是迫在眉睫的事情,这与人们对英语教师发展过程中规律性缺乏研究不无关系,为了提高教师素质,世界各国的教师教育对此高度重视。因此,必须培养反思型英语教师,必须让他们理解和掌握最新的英语教育观念,认识和了解当前英语教育和教学发展现状,从而能够根据自己的价值观,判断、决定和处理英语教学或学生学习行为中遇到的各种问题。

2. 反思型英语教师思维的多元性和开放性

英语教师的思维方式影响甚至决定着他们的教育教学行为。反思型英语教师需要的不是传统英语教师机械的、封闭的、单一的思维方式,而是综合的、开放的、多元的方式,在处理具体教学事务中表现为综合性、创新性、开放性和预见性及信息化特征。要成为反思型教师必须实现几个转变:第一,由单一思维向全方位思维的拓展。反思性教学要求英语教师多方位、多视角、多层次地对教学过程中的改革要素进行考察、探索和思考,因此必须实现纵向思维和横向思维的交叉、发散思维和集中思维互补、模糊思维和精确思维并重,以便全面掌握英语教育事件的多样性和统一性的本质。第二,由常规思维向超常思维飞跃。开展反思性教学要求教师突破已有的思维定式的束缚,善于处理教学中的突发事件,敢于否定自我,不断创新,果断进行教学决策。反思性教学过程中的创新主要表现在突破难点,在需要的时候满足学生的需求;填补空白,思考学生始料未及的问题;超前决策,做好教学中各种预设和生成的有机结合。第三,由经验思维向科学思维转变。英语教师的经验思维是一种传统的思维方式,根据长期形成的教学惯性决策教学过程。而科学思维方式则是在遵循教育教学规律的基础上,应用科学的语言教学知识和教学手段,设计网页教学目标,提出问题,拟订教学方案,采用科学的评价方案,从而高效实施教学。第四,感性思维和理性思维相互渗透。教学的最高境界是教是为了不教,反思型教师一定是有远见、有魄力的教师,而直觉思维恰好是这些"远见"和"魄力"的基础。事实证明,卓越的英语教师只有在丰富实践经验和敏锐深刻的直觉的支持下,经过长期经验积累和理性思维的锻炼,才能适应现代英语教育需求,因此一名优秀教师必然是反思型教师。

3. 知识结构的实践性和理论性

教师知识结构和质量是从事英语教学的前提,一般而言,教师知识可以分为三类,即本体性知识、实践性知识和条件性知识。对英语教师而言,本体性知识即英语学科知识,这是从事英语教学的基础,英语教师本体性知识的丰富程度在某种意义上与学生的成绩呈正相关,因此本体性知识的传授成为英语教师培训和培养的重要任务。英语教师的实践性知识是指教师为了实现教学目标,所必须具有的课堂情境知识及其相关知识,是英语教师在教学过程中积累的,因此受个人经验和经历的影响,具有明显的经验性。英语教师条件性知识是指教育学和心理学知识,是实现有效教学的重要保障。可以分为三类,即学生身心发展知识、教与学的知识以及对学生成绩评价的知识。

英语教师知识的内容、性质、范式和组织形态是教师进行反思的基础。研究表明,教师在教学过程中将学科知识和具体情境相结合,自然形成一种与行为密切相关的知识,事实上英语教师运用教育学知识向学生阐述学科知识,这中间教师的学科教学知识起着重要作用。科学家的知识和教师的学科知识差异较大,教师必须将学科知识心理学化,才能为学生所接受。英语教师的实践性知识是教师自主发展的实践基础,教师专业发展最终体现在教师个体以教学为主的专业发展水平及其在专业发展上的追求。教师专业发展更多体现在个体在具体教学中对情境的感知、理解和处理而取得的专业成长上,真正对教师产生影响的是不体现在实践中经体验和学习而获取的实践性知识,而不是直接接收来的教育教学理论知识,这种知识只有经过内化才能产生作用。研究表明,反思型教师和一般教师的差异在于他们对具体教学情境呈现问题的把握和处理上,而不是掌握学科教学知识的多少。教师拥有的知识只有转化成为"知道如何做"和"知道在何时何地对何人做正确事情"的知识,才能真正成为反思型教师。

除了上述认知特征以外,英语教师思维的批判性也是反思型教师认知特征的重要内容。不善于反思的教师就有可能不加评判地接受一切英语教育现实和各种成规,容易忽略教学的情境性和产生性等特点。优秀教师拥有批评的、反省的思维,不迷信、守旧和盲从,善于洞察、分析和评判英语教学理念和实践中各种影响因素,这些是成长为一名反思型教师的必要条件。

(二)情感特征

反思是一种比逻辑的理性的问题解决更为复杂的过程,涉及直觉、情绪和激情,在反思性行为中,理性和情绪交织在一起。因此可以看出,反思是认知和情感相互作用的过程。人们认为,反思型教师的情感特征表现在以下几个方面:

1. 强烈的师爱情怀

英语教育是一个情感事业,英语教师的反思往往源于对具体教育教学情境中语言问题的思考,一种疑惑的、探究的语言情境能够引起反思。而英语教育情境是复杂的、丰富多彩的,而且富有变化的,这一点是教育的复杂性在教师职业特性上的折射。英语教师的教学对象是充满活力的个体,具有鲜明的主体性、自觉性和个性特征,拥有教育者所具有的情感和灵魂,在不同时期、不同情境下,他们的心理活动是不同的。因此,教师的教学情境永远处于一种复杂多变的状态之中,教师对学生的真挚的爱能够促进学生观察,促使学生善于发现问题,对问题做出积极反思,并不断调整自己的信念和行动。

2. 积极开放的胸怀

反思型教师的基本特征是保持一种开放心态,不断倾听来自各方面的声音和意见,对来自各方面的信息保持高度敏感性,关注抉择的可能性。反思型教师具有通过主动通过反思实现自我超越的胸怀,从而达到自我发展的"理想自我"。可见,积极开放的心胸是反思型教师应该具有的情感特征,由封闭心态向开放心态转变是英语教师适应英语教育教学变革的需要,是以系统的开放性为基础不断接纳周围环境和环境间的互动,既受外部环境的影响,也在不断影响着外部环境。封闭心态容易促使教师在考虑问题时仅限于某一特定的局部范围,开放心态则从课堂教学系统及其内外部因素加以综合考虑。反思型教师只有秉持这种心胸,才能不断接受新思想,不断对自己的英语教学行为进行反思。

3. 自我剖析的勇气

自我剖析本身就是在反思。事实上,英语教师在教学中经常面临这样的情境:对一种教育教学的困境是简单归因于学科内容难、学生素质差、家庭环境不良等客观原因,还是勇于解剖自己,反思自身的教学理念、具体的教学行为出了问题这是判断反思型教师情感特征的重要依据之一。教学需要一种勇气,这种勇气是主动反思自己思想和行动的信心与力量,在不失时机考究学生特质、环境影响的同时,更要积极发掘自身存在的问题和可能开发的潜质,以便更有效地提升学生的语言素质。

4. 承担挫折的责任心

责任心是每一位教师之所以成为教师的基本要求,也是保障教学质量的前提,毕竟"责任和效率是有效教学的双重根基";英语教师的责任心是"考虑到按预想的步骤行事所招致的后果,它意味着承担这些合乎情理、随之而来的后果"。英语教学建基于教师的责任,意味着对于那些看似有效的教学方法和策略,要考虑其对学生发展长期的影响;意味着教学中师生应当充满人文关怀,教师要关爱学生,学生要体谅教师的辛苦并学会感恩;意味着师生英语教学课堂建构的知识、意义与体验不是某种外在的评定标准,是具有指向生活的意义性的。在平时的教学实践中,很多教师接受了一些合乎逻辑的理念,却不愿意承担其后果及其相应的责任,这样下去,思维品质就会"分裂",不利于教学目标的实现,失去了责任心的教师就难以成为反思型教师。

(三) 意志特征

意志当中的"意"表示心理活动的一种状态;"志"是对目的方向的坚信、坚持。而意志是人自觉地确定目的并支配行动、克服困难、实现目的的心理过程,常以语言或行动表现出来,是人的思维过程见之于行动的心理过程,无意识的本能活动、盲目的冲动或一些习惯动作都不含有或很少有意志的成分。哲学话语中意志的本质就是:人对于自身行为关系的主观反映就是意志,是人的意识能动性的集中表现,是人类特有的心理现象,是它构成人的主观意识的第三种基本形式。本研究倾向于认为它是人类特有的有意识、有目的、有计划地调节和支配自己的行动的心理现象。其过程包括决定阶段和执行阶段。对英语教师而言,决定阶段指造就自己成为一个反思型英语教师的动机来作为行动的目的,并确定通过反思作为达到这一目的的方法。在执行阶段即克服自身成长过程中可能遇到的种种困难,坚定地把自己的理想(成为反思型教师的计划)付诸实施的过程。意志在反思型英语教师成长过程的调节作用包括发动与预定目的相符的行动,抑制与预定目的矛盾的愿望和行动两个方面。对英语教师而言,主要表现在以下两个方面:

1. 坚持性

英语教师的意志力是反思力的主要基础,是维持持续反思的重要保障。鉴于反思是一个内外在作用下自觉进行的教学行为,因此它也是一个艰苦的扬弃过程。当教师对自己的教育教学行为进行判断和重构时,也就意味着将自己头脑中不合时宜的、根深蒂固的观念进行审视和割舍,并伴随着判断哪些是正确的,哪些是不重要的等一系列问题,在进行剖析后教师对新收入的理念和具体行为进行吸纳,结合学生实际和自身需要进行重构。这样不断进行的反复过程就是要靠强大意志力和坚持性才能完成。所以要成为反思型英语教师,除了必须有教学智慧之外,顽强的意志力和高度的自制力也非常重要。

2.专一性

当英语教师非常希望成为反思型教师并具有强烈的愿望时,就会付出更多的努力,甚至全身心投入,专心致志。很多教师认为自己已经不断对自己的行为进行了反思,但发现自己的行动却未见改观,即有反思而无长进。仔细分析可以发现,长期形成的思维定式一时间很难撼动是造成这一现象的根本原因。此时,只有教师毫不气馁地通过意志力调控自己的行为,将自己对"现实自我"的评判运用到实践中,内化于心灵深处,并付诸行动,才能达到自我发展和自我超越。将反思结果付诸实践,才能更好地指导实践,并检验反思效果,进一步进行自我革新。同时,英语教师要将反思行为形成习惯,坚持不懈地对自己的教学行为和教学理念进行剖析,仅靠一时的兴致和兴趣不可能造就一名优秀的反思型英语教师。

(四)行为特征

反思型教师的优秀内涵必须通过教育教学行为加以表征和体现,并作用于学习者,产生良好的教学效果后,才能获取认可。但反思型教师的行为特征主要通过课堂教学反思才能体现和实现。因此,人们认为现代反思型英语教师的行为特征更多的是在作为现代"人"的角色及其行为应该具有的品质当中体现的。

1.终身学习者

当今社会是知识爆炸时代,知识以几何指数增加,因此作为教师在教书育人的过程中,必须时时完善自己的知识,丰富自己的教学技能,更新自己的观念,转变自己的行为方式,在认知、情感和意志品质等方面具有反思特征。这必然决定反思型教师必须是一个终身学习者。因此当前教育的主要使命,首先是组织适当的建构和方法,帮助人们在一生中学习的连续性;其次培养每一个个体通过各种途径进行自我教育,并使其在真正意义上和在充分程度上成为自己发展的对象和手段。作为英语教师首先要打破教育定位在某一阶段的传统观念,自觉将学习作为持续专业发展的必要条件,不断完善文化内涵和知识结构,接受"后方法"时代英语教育的新理念和教学策略,了解语言学尤其是应用语言学的最新发展,掌握语言学习者的个性特质,真正成为一个终身学习者。

2.平等的对话者

对话是平等主体间的交往和互动,是新课程改革的主要理念,是改变传统教学模式的主要手段,是反思型教师在行为上的又一重要特征。传统教师只要求对教材有相当程度的把握,主要完成和教材对话即可从事英语教学工作,满足传授英语知识和技能的需要,没有将英语教学过程视为交互作用的过程,只是把英语学习过程当作单项的知识传输过程。反思型教师必须把英语教学过程视为一个对话和交往过程,视为师生进行心灵对话和理解的过程,关注学生的积极性和主动性,把他们视为语言知识和技能以及语言能力的建构者和参与者。相较于技术型教师而言,反思型教师教学行为特征表现在对现有"章程"的突破,不是被动执行某些规定和要求,而是基于教学规律,不断进行教学创新,强调在选择、确定、审视和检查自己教学行为和学生反应时,进行理性思维,自觉和自己对话,和学生对话以及和课程标准、教材等全面对话,评判地审视自己的英语教学行为,分析最新英语教学理论并不断进行质疑和权衡,教学决策不拘泥于某一种方法,关注自己和学生表现出来的思维特点和个性风格,包括兴趣、爱好以及相应的方法和手段。

3. 行动研究者

反思型英语教师应该成为自己行动的研究者,而不能将自己的角色仅仅定位为知识的传授者,因为教师即研究者的理念已经为大家认同,并显示出了重要价值。通过研究教师可以澄明某一或某些理论对自己从事的英语教学的指导作用,避免对具有教学模式和方法的盲目照抄照搬以及成为重复完成某种规定操作程序的教书匠,否定英语教育教学的创造性和专业性。教师要成为行动研究者意味着教师在行动中开展研究,超越教师对研究的一般性、简单化的认识,在研究中不断反思、提炼和总结,以便形成高效的个性化的教学风格;也意味着课堂成为实验室,教师自然成为科学共同体的成员。反思型英语教师的行动研究的特点体现在将研究行为整合到英语教学实践活动中,教学即研究,研究即教学,以教学促进研究,以研究提升教学效果;研究的课题来源于平时的英语教学实践,帮助教师提高英语实践的有效性和合理性;通过行动研究可以发现英语教学理论和实践之间的联系,弥合两者的鸿沟,缩小英语研究者和实践者之间的距离,从而使英语教师成为自觉的行动研究的反思实践者。

三、反思型英语教师教育的实践

反思型英语教师教育的实践源于对技术型教师弊端的批判和扬弃,伴随着英语教学理论,尤其是"后方法"时代的到来和应用语言学的发展而逐渐兴起的。技术型教师教育模式强调教师在英语教学中扮演着技术员的角色,重视专家讲授以及学员学习和优秀教师的示范作用,关注英语教师的被动说教、认同、理解和接受,而忽视英语教师在具体教学情境的体验、评判、质疑和理解。由于英语教学情境的复杂多变,充满了不确定性,教学没有具体固定的教学模式和课堂教学技能技巧,英语教师必须进行辩证分析、判断和抉择,因此,技术型教师很难适应这样复杂多变的教学情境,在真实的教育情境中,很难将自己所学会的英语学科知识、教学知识等与具体教学情境和学生特质有机结合起来。教师只有在英语教学实践中不断反思,积累丰富教学体验和实践性知识,成为真正的"反思者",成为真正的英语教育教学和自我发展的主体,才能获得个体的主动专业发展。因此,在英语教育教学实践的推动下,从技术型教师向反思型英语教师转变是英语教师教育实践的主要任务。

在英语教育教学反思实践中,英语教师教育实践主要体现在以下几个方面:

第一,结合最新的英语教学理论,探索"反思性英语实践"教师专业发展模式,培养英语教师的反思能力。

英语教师在专业发展过程中作为能动的个体,必须不断吸收最新的英语教学理论和学习者英语学习特征以及教学策略的研究成果,形成反思力,对不确定英语情境进行理解、反思和研究,形成有效判断和选择,保证英语教学顺利进行。反思能力的培养是教师实践性知识形成的关键,也是反思型英语教师专业发展的核心。在国外反思型实践教师的专业发展模式中,通过反思性教学、行动研究、案例教学法等促进英语教师教育教学能力的发展和专业水平的提高,并且通过广泛的实践建构反思型英语教师专业发展建构模式。

英语教师参加一个继续教育项目学习后,必须接受该项目给予英语教师的知识。这里所说的知识主要指与英语教学相关的知识,如语言学知识、英语教学法知识和教育学方面的知识。每一个项目都应该根据目标突出某一方面的重点,集中对学生进行教育。反思性项目通常安排专家在举办讲座过程中组织学员进行讨论,联系自己的教学经验理解讲课内容;也可以对专家观点进行质疑和评判。这些充分说明反思型教师教育重视教师经验以及体现了师生平等和教学民主的理念。在取得理性知识和回顾已有经验基础上回到实践中,采用"行动中反思"的方法,对教学效能进行提升。这种教师教育模式认为教师的反思不可能一次性完成,这个过程应该是一个"螺旋式上升"的发展形式。

第二,建立英语教师专业发展共同体,为教师"实践性知识"的形成铺平道路。

反思型教师教育作为一种新的教师教育范式,在目标追求、课程规划、教学形式和组织管理等方面,都呈现出传统教师教育范式所不具有的特征。就教师教育的组织形式而言,反思型英语教师教育范式更强调将教师养成置于各种专业共同体之中。专业共同体是教师专业发展的组织基础,教师专业共同体是教师基于共同的目标和兴趣而自行组织的,旨在通过合作、对话和分享性活动来促进教师的专业成长。教师通过在共同体中参与合作性的实践来滋养自己的教学知识和实践智慧。专业共同体可以为教师专业发展提供学习资源,促进教师知识结构的构建,促进教师之间分享专业知识与经验,改善教学实践,创设教师对话的平台,推动教师反思。

从我国的情况看,推动教师专业共同体建设,试图避免由于竞争取向的制度造成单兵作战、自我封闭的行为方式带来的教师之间关系冷淡、情感疏离、缺乏互信、恶性竞争的情形。用关怀、对话、信任、分享的学校文化代替孤立、冷漠、猜忌、疏离的学校文化,把教师关系由"同事关系"升级为"伙伴关系",是促进教师专业发展的一项重要任务。

四、教师学科教学知识(PCK)

在教师教育发展历程中,知识始终是研究的核心,也是探究教师语言意识建构的一个基本出发点。

♠ 多元背景下的英语语言交流与实践

目前随着社会对人才素养要求的不断提升,教育部门已然采取相关措施,从基础教育到高等教育等多个层级重视学生的综合提高,因而对师资的教育与培养问题再次被提到议事日程,亟须加强对教师专业发展的研究。一方面,教师 PCK 的研究对探究教师专业知识结构的构建、提高教学效能方面的作用业已得到广泛的认可;另一方面,它也对教师语言意识的研究提供了关键的教师教育学的支撑。

(一)教师 PCK 的发展

1. 学科教学知识内涵

教师的学科教学知识是指与课堂教学密切相关的教师知识,是教师在教学实践中教学理论知识和教学实践知识、学科知识和教学知识在互动过程中的一种高度融合,是教师根据教学需要对学科知识的一种筛选、重组和对教学形式的一种创造;是教师对英语教学涉及的关键复杂因素及其关系的个人理解;是英语教师在特定的教育情境中(尤其是课堂中)为促进学生全面发展而采用的知识技能、过程方法、情感态度及价值观以及创造性智慧的整合。就英语教师而言,教学法知识是学科教学知识的一部分,它是语言教育专家、英语教学法学者等对英语教师集体教学经验,包括英语课堂教学理念、原则、方法、技巧等进行的理论诠释和全面归纳,是英语教学提高课堂教学效能和进行教学研究的重要条件和参照。教学法知识无论作为陈述性公共知识,还是作为程序性的操作体系,都不可能代替学科教学知识,因为与那些直接影响个人课堂教学决策的个人知识不同,它需要和其他知识进行自觉整合,才能涵盖师生的个人经历、经验和对所处学习或习得语言的特定教学环境,这也是学科教学知识为什么一般不会将它直接用于教学实践。教学法知识和学科教学知识的混淆是对教师知识、教师认知乃至对真实课堂教学本身的误解的原因。由于课堂教学是教师最基本、最重要的教育实践活动,学科教学知识自然成为教师知识体系的核心。

2. 学科教学知识发展

教师专业知识构成范式是一个动态认识发展的过程。按照托马斯—库恩对"范式"一词的定义来分析其内涵,可以发现它是指从事教师专业发展研究的共同体成员在特定一段时期内形成的对教师专业知识构成的共识,是他们秉持共有的信念、价值、技术等构成的整体。

20 世纪 90 年代,学科教学知识的概念为世界各国教育界所认可,并成为"学科教学论"的基础。随着对教师知识和教师认知研究的发展不断被赋予新内涵。许多教师教育研究者从不同角度进行解读,展现其主要特征以及在教学实践中的运用。如从教师知识建构的过程来看,教师只有借助于课堂教学互动和决策行为,将个人的学科知识、经验、教学实践知识融为一体,才能获得教师知识转化为课堂教学形式的依据,从而发现教与学的个人价值和意义;从教师知识结构的结果来看,仅有学科知识而缺乏教学能力,或仅有教学技能而学科知识薄弱的教师都不是好教师;从教师知识建构的本质来看,许多学者提出教师学科知识和教学知识的交合则表现为一种特殊的教师思维方式,体现为一种特有的思维力和创造力,即所谓"教学推理技能及决策能力",这是教师知识转化为课堂教学形式的基本条件。

而关于教师专业知识的构成却经历了从学科知识到学科知识与教学知识并重再到"缺失的范式"学科教学知识(PCK)的弥补等多个范式的演变。时至今日,逐步形成明晰的学科界限,使得学科知识日益丰富而又独立,相应体系也渐趋完善,从而促进教师教育者对从事这门学科教学的教师专业知识的深度剖析,可以发现,近来对教师专业知识构成的研究范式"向下位移",并最终落实到具体学科教师专业知识的构成上,凸显出英语教师学科教学知识研究的价值。

(二)教师 PCK 的培养

学生时代的经验主要指英语教师在接受正式的职前培训前作为学习者的心得和经验,包括各种不成熟的教学实践体验。这里所说的经验也被称作"学徒式观摩",它们主要来自学校,包括中小学和高校。研究和实践的结果都表明,学生时代的经验对英语教师发展教学法知识和教学表征知识具有较大作用。在我国师范教育课程结构中,与英语教师教学知识较为密切的课程是教育学、心理学、英语课程与教学论、教学实习和见习。大量研究已经证明,教师的教学知识的来源与在校所接受的专业训练有关。实践证明在培训课程中,英语教师的专业知识与专业认同都会不同程度得到提高。鉴于职前培训课程偏重于理论知识学习而缺乏实际操作,往往导致很多英语教师在具体的教学情境中不知道如何运用这些理论知识,因此只有边做边学了。师范生在入职前的教学实习是将所学知识和具体教学实践结合的主要环节,也成为教学知识的主要来源。因此,准教师们只有在教学实习或见习中重新建构新的教学知识,即形成相应的学科教学知识,对教学灵活性和预设性的认知才能得到较快发展,进而胜任自己的英语教学工作。在职培训主要是指在从事教学过程中获得或习得的教学经验和知识。在职培训主要包括专业培训、有组织的专业活动、非组织性的专业活动以及自身教学经验和反思等方面。其中专业培训包括:一是学历补偿和提高,即教师毕业后为学历达标所进行的教育和学习活动;二是从事后所接受的专业培训,主要是教育行政部门和学校举行的各种培训,如新课程研修等,主要是为了进行理念更新和理论提升。有组织的专业活动是指由某些专业团队或教育行政部门组织的专业活动,主要是为了提高英语教师的教学实践操作技能。非组织性的专业活动是英语教师为了发展自己的教学知识,提高自己的教学能力自愿参加的学习活动,如同事之间相互听课以及自我研修等。自身教学经验是反思型英语教师作为反思型实践者将教学实践经验提升到理性认识的途径,如撰写教学日志、建立教师个人博客等。

英语教师的专业知识尤其是英语学科教学知识发展问题是教师专业发展的关键部分。在教学知识发展过程中,英语教师必须不断参与专业活动,进行理论知识学习,以便丰富理论,提高教学实践操作技能。当英语教师的教学知识发展到一定程度,专家的纵向引领和教师本人自觉的掌握反思就显得异常重要,此时的英语教师需要专业发展的宽松氛围、理解和

尊重以及良好的生存状态。鉴于此,在促进英语教师专业发展和构建学科教学知识方面,我们必须做到以下几点:

1. 促进英语教师专业知识和教学知识协调发展

英语教师的知识观直接决定和支配着课堂教学行为。英语教师使用什么样的教学方法和策略,如何看待教学过程,乃至形成什么样的教学风格,都可以从教学观上找到根源和依据。作为教师,其知识结构主要涉及"教什么"知识和"怎么教"知识。在客观知识观的影响下,许多人特别重视"教什么"知识,认为只要解决教学内容问题,"怎么教"就不成为问题,因此特别关注师范生和准教师的学科知识的培养和考察。按照一般知识分类,"教什么"的知识主要是陈述性知识,而"怎么教"的知识主要是程序性和策略性知识。作为一名合格的英语教师,这两种都是其胜任工作的必备条件,缺一不可,应该协调发展。事实上,随着"后方法"时代的到来,在英语教学中,策略性知识受到国外的重视,教学策略往往成为衡量教学效果的关键因素。事实证明,要成为一名反思型英语教师必须正确审视自己的教学观,并进一步研究如何形成科学的教学观和拥有什么样的教学知识,从而将别人良好的发展经验为我所用,并逐步建构自己的知识体系。

2. 提高英语专业培训的实效性,从而促进教学知识的发展

当前在师范教学向教师教育转型的时期,英语教师的培养质量问题日益突出。传统的师范教育不能很好地培养学生的综合素质已经成为事实,其中最重要的原因之一是学生的课程没有特色和针对性,教学实践环节和教育实习错位甚至缺位是不争的事实。由于职前培训是为英语教师提供足够的学科教学知识,这种缺失直接导致英语教师的课堂教学行为失去方向。因此必须从以下三个方面入手:

第一,重构和完善教师教育课程体系。无论是职前的师范教育还是职前培训,其课程体系设置必须能够为学生提供足够的教育教学知识,理解教育的真谛以及英语教学的特点;能够使教师或准教师掌握英语课堂教学的技能和策略;让教师能够将英语课程内容"教学化",从而引导学生高效率学习英语。

第二,提高教师教育课程的实效性。教师教育课程设置是教师素质、教学水平、教学方法的主要体现,但当对课程设置无能为力时,教育类课程尤其现代教学论课程和英语教学法知识的重要性就凸显出来。好的授课教师在一定程度上可以弥补课程设置的弊端,因为教师不仅是课程的实施者,也是课程的创造者,因此,教师教育者和培训者应该具有丰富的教学实践经验以及教育教学的理论知识和教学技能。

第三,切实提高实践教学环节的有效性。教育部三令五申提出教育实习是教师培养的重要环节,积极推进师范生实习和支教工程是促进教师教育改革,强化师范生实践教学以及提高教师整体素质的重要举措。而现实的教师教育中实践教学环节几乎形同虚设,效果不能让人感到满意。因此,首先必须解决师范生或准教师在教育教学实习态度和认识方面存

在的问题,让他们充分认识到教育实习和见习的重要价值;其次要保证实践教学环节的时间的高效性,建立教育实习时间的保障制度,建立稳固的实践基地,彻底消除教育实习中的形式主义。

3. 提高英语专业活动的针对性,从而实现教师学科教学知识发展

英语教师必须对自身素质有一个清醒的认识,并时刻准备着以满足自身需要的培训和专业活动来弥补素质结构的缺陷。现实教育教学活动中,低质量的、不恰当的"专业活动"并没有很好地促进教师专业发展。在英语教师专业发展的不同阶段,英语教师专业发展的需求是不一样的,对成人教师而言,需要的是更多观摩名师的课堂教学;对成熟型教师而言,需要的是课题研究的培训,尤其是科学而广泛的行动研究,同时,教学实验培训对他们而言也很重要。另外,对教师的培训还应该形式多样,如专家讲座、案例分析等,基于教师实践的、基于教学实际情况的培训最受欢迎。

在促进教师专业发展过程中,应该提高常态专业活动的质量和效果,争取英语教师教学知识发展的最大化。例如,公共课展示活动对英语教师教学知识发展具有重要作用,要求英语教师会听、听出门道、用心体会;英语教师要"敢讲",争取各种公开课机会,尽情表达自己的教学思想,获取专家和同事的帮助。另外,英语教师教学知识开展也要靠教师的"巧评",本着促进教师专业发展的目标,在尊重上课教师的前提下,采用恰当的方法对教师上课的情形进行剖析和评点。

另外,学校应建立和谐的教研组和备课组,搭建共同发展的平台,这是教师知识生长的平台。学校应该加强遴选优秀而负责任的教师担任"带头人",这样的教师应该具有丰富的教学水平和理论水平,较高的组织管理能力以及热情和谦虚的态度。就英语教师个体而言,应该积极主动融入教研组和备课组中,参与各种经验活动。另外,目前在应试教育的影响下,英语教师之间为"分数"的竞争往往也很激烈,存在一定的利益冲突,教研组和备课组应该积极组织教学资源和经验的共享,组织好教师间既竞争又相互合作的教研氛围。

4. 关注英语教师的生存状态,从而激发内在专业发展动机

在英语教师专业发展过程中,专业态度和动机是其中的两个核心因素,其他因素一般要通过这两个因素来影响教师的专业发展,而专业态度和动机又与教师的生存状态密不可分。而教师的生存状态是对教师学习和生活方面的真实写照,其内容包括物质的、精神的、专业发展的、心理的等很多方面的综合。因此,管理者必须重视改革之后教师的生存状态和生存困境,要求从了解和满足教师现实生存状态需要入手,将其与理想教师的种种要求相结合。因此,改善教师生存状态就要在教师理想生存状态和现实状态之间找到最佳的过渡方式和结合点,使教师对自己生存状态的关注成为改变现实的积极力量,从而实现理想生存状态。

英语教师自主发展意识既是专业发展的结果,也是专业发展的条件。但就目前的形势而言,在外部强大的社会环境影响下,在强劲的应试教育的作用下,真实的教育场域中缺乏

教师自主专业发展的意识和需要的元素。教师在为基本生存奔忙,在扮演"分数工具"的角色,再加上教师专业发展方向不明确,因此教师专业发展是被动的,几乎处于停滞状态。这种背景下,社会和学校将教育教学改革的压力转嫁到教师身上,而英语教师内在的专业发展动机和需求缺乏,必然造成教师呈现出来的状态是某种知识数量的增长,而不是真正的专业"发展"现状。因此必须立足于教师实际生存状态和工作需求,否则,教师专业发展只能是教师的压力和负担。

教师"减负"才能增能,"减负"才能给教师提供一定的发展空间和时间,让他们有机会反思自己在教学中存在的问题,完善自身的教学知识结构。因此,教育行政部门和社会各界要保障教师的基本物质需求,让他们能够体面生活;学校要创造和谐的文化环境,打造更为广阔的发展平台和机会,为教师发展创造条件。另外,当教师教学知识发展到一定程度时,要克服"高原现象"带来的影响,教师仅仅通过自身的努力很难发展起来,需要专家的纵向引领,对其教育教学行为进行理性反思,深化对英语的理解,这样才能造就专家型教师。

(三)教师 PCK 研究的意义

PCK 及其研究是从英语教师认知和英语知识的角度为英语教师教育提供一个新的视角。但是,英语教师学科教学知识的构建必须在具体的教学实践中,结合英语教学情境,将个人的学科教学知识和教学能力有机整合在一起,而教师知识和能力发展的关键在于借助具体的课堂教学形式,获得对教与学的个人体验和理解,因此教师必须在复杂的课堂教学中,根据学生的发展状况、实际反应以及随时突发的教学事件,与教学中的主要环境因素,特别是作为学习主体的学生,进行积极协商和互动,随时调整自己的教学内容和方法,选择适合学生需要的教学策略。正是基于此,英语教师教学中必须融合个人对学生、语言内容、学习或习得以及整个学科教学体系和知识体系的理解,并且进行创造性解读,同时必须积极影响学生语言思维方式、学习和习得过程与学习生活内容和质量,在此过程中不断实现自我专业发展。

作为一名英语教师,无论其为准教师还是在职教师,是新教师还是专家型教师,都必须掌握教学过程中的学科知识,因为它是符合课堂教学规律和特点的学科知识形式以及知识学习的结构;还必须掌握教学知识,因为它是能够呈现和解读学科知识的规律、特点和功能的课题教学技巧和教学思维方式;更应该掌握学科教学知识,因为它是英语教师专业发展的基础,是提高英语教学效果的关键技术。对新教师而言,更应该结合自己掌握的学科知识和教学知识了解那些有关教与学的相关概念、实质和内涵,树立正确的教学观、语言观和学生观以及这些知识如何在实际教学中进行整合;对经验型英语教师而言,更需要自己判断选择创造的教学方式和策略是否与学科知识系统相契合,从科学的教育教学观念出发,反思、解构、归纳重构自己的英语教学行为,以便更好地提高教学效果。因此,研究学科教学知识的意义价值体现在以下几个方面:

1. 英语教师获得学科教学知识的需要

目前很多新教师认为自己的知识来源于自己大学期间学习的专业知识,如教育学、心理学、教学法和专业课程获得的公共知识;一些经验型英语教师为了获得新的学科教学知识,期待通过各种专业培训或自我研修,从而实现这一目的,但令他们失望的是,在具体的教学实践中,他们发现自己获取的改革知识用不上,不能很好地解决课堂上出现的问题。教师知识的来源主要是三个方面,即公共知识、自身经验和他人知识。上述现象中,教师仅仅重视公共知识而忽略其他,才是形成这一问题的主要原因。事实上,英语教师学科教学知识构建就是教师在自己的教学实践中的"所思"和"所为"的有机整合,是教师在进行教学设计时的"所思"到教学实施中的"所为",从教学中"所为"到教学过程和结果的"所思"这一循环往复中,教师所在具体教学情境中的不同阶段实现的"知行统一"的体验。对英语新教师而言,必须借助于大量教学实践活动,才能从公共知识中发现、提炼、构建公共理论知识的"个人意义",从而修订和完善自己的教育教学行为,并在此过程中形塑自己的语言观、语言教学观和学生观。对经验型教师而言,他们已经积累了丰富的英语教学实践经验,通过对经验分析、澄清,吸纳最新的研究成果,主要是他人的知识,结合学习者语言学习的心理特征和公共理论知识进一步解读自己的教学行为,增加教学决策科学性,促进自我专业的进一步发展。

2. 英语教师了解自己学科教学知识发展情况的需要

英语教师知识是一种特殊的个性化情境知识,离开具体教学情境和相关细节,教师难以了解自己教学知识的发展情况,不应该也不可能通过仅仅相信脱离具体教学情境的知识测试能够呈现教师学科教学知识水平,而必须通过真实课堂教学行为的观察和分析。因此,近年来基于课堂教学的听评课很受热捧。但就目前情况而言,对中小学英语教师职前和在职培训往往都是通过对教师公共理论知识和概念的客观评价,来评定其效果和效能。事实上,这种方法并不能帮助英语教师真正了解自己的知识掌握程度和存在的问题,更无助于英语教师对自己英语教学的认知。因此,每一位英语教师必须掌握课堂调查和自我监控的基本常识和技能、方法。主要涉及客观分析自己课堂教学决策适宜性和课堂教学行为有效性;全面反思和回顾自己教学过程发生的重要教学事件;判断自身对教学相关因素及其关系的理解;研判学习者语言特征和实施因材施教等。这些是英语教师对自己学科教学知识判断的主要依据。

3. 英语教师有效发展自己学科教学知识的需要

英语教师除了通过个体的教学实践和反思外,还可以通过他人知识来完善自身的知识结构,这样,教师之间的交往与活动就显得格外重要。鉴于教师本身属于一个专业共同体,分享彼此的知识和经验就有了可能性。事实证明,通过具有相同或相似的教学环境和背景,有共同的关注点和问题,有共同的专业认同和自我发展需求的同行人之间进行相互激励和思想碰撞是一个发展彼此教学知识的重要途径,英语教师在促进共同体建设本身也是在为自己学科教学知识和能力发展创造支持性条件。通过彼此交流和活动获得的知识体系可能是正确的、清晰的,也可能是模糊的、在特定条件下的一种体验和感受,这两种不同知识类型对教师产生的影响可能会有所差异,或许是精神上的,或许是行为上的,需要教师辩证分析、归纳和内化。专业发展主动性较强的教师通常能够主动和其他教师尤其是专业领域学者和专家型教师进行反思性交往和互动,通过长期的自我实践和积极反思实现自身学科教学知识的不断更新。但对新英语教师而言,能否主动与其他同行进行交流互动,能够勇于和善于借鉴其他教师实践经验与对教学的理解,从很大程度上影响着教师专业发展的速度。

同时,研究英语教师学科教学知识也是教育者有效促进英语教师学科教学知识的需要。作为英语教师教育者首先要理解教师知识的本质和具有科学教师知识观,尊重英语教师知识的价值;发掘英语教师知识发展需要的条件,掌握促进英语教师专业知识发展的途径;为英语教师提供交流、反思和完善知识结构,构建个性化的知识体系营造环境,创造机会和平台通过描述和分析英语教师知识重要教学事件及其过程,促进个人知识明确化、概念化,创造有效教学形式促进教师知识的建构和理解。

PCK 是教师将学科知识与教学知识有效融合,能够根据特定情境与学生的实际状况,将学科知识转化为学生能够理解并接受的知识形态。教师在传授知识时使用诸如演示、举例等方式都是灵活运用教学知识的一种有力体现,其目的是将学科知识有效传递给学生。

第二节 教师语言意识培养

一、教师语言意识与语言教学

(一)教师语言意识

教师语言意识的定义是"教师掌握的能够保证其有效开展教学的关于语言隐性系统的知识"。按照这个定义,教师语言意识主要是指教师的专业知识(subject-matter knowledge)及其对教学的作用,换言之,这种知识就是能够使二语教师有效地分析语言、理解语言的工作机制,并且能够判断言语的可接受性。语言意识可以被定义为对语法、词汇和语音特征,以及不同语言形式在构建语言意义过程中的作用的敏感度。

如果我们再分析一下课前和课中教学活动的实质,很明显,教师的专业知识和语言能力的紧密关系显得格外突出。在备语法课的时候,具有语言意识的教师既要考虑与语法点相关的显性知识,也要考虑自己本身对该语法点的交际运用能力,这样在教学中关于该语法点的任何讲解不仅要利用专业知识,还要运用自己的语言能力进行有效的讲解,也就是说,讲授的内容和讲授语言(课堂用语)交织在一起。

导致教师语言意识复杂性的另一个因素是教师的学生意识,即对学生目标语能力发展水平(即中介语)的意识,这是保证教师量体裁衣式地解决语言问题的基础。一个具有良好语言意识的教师不仅懂得语言的工作机理,而且知晓学生是怎样处理语言学习过程,并且对学生的语误和中介语特征高度敏感。按照二语习得理论,每个学生都有自己处于不同阶段的中介语,这也是每位教师面临的巨大挑战。

根据上述讨论,教师语言意识的界定包括以下四个方面:

①教师的语言意识/知识包括专业知识和语言能力,它涉及对专业知识和语言能力两者的反思,并且语言能力是反思的桥梁。

②教师所需的语言意识/知识与受过良好教育的语言使用者的语言知识/意识有质的不同。相比之下,英语教师需要较高层次的隐性和显性语法知识来促进有效的课堂交流。作为教师,他们应该是高效的交际者,这样才能作为学生学习的样板,同时,有效的二语教学需要教师拥有这样的知识和运用这些知识实现交际目的。二语教师也需要对这些知识、能力以及语言的隐性系统进行反思,以保证学生获得最大化的学习输入。

③教师的语言意识/知识具有元认知性质,它涉及对认知的认知。换言之,教师语言意识不只是通过教师运用自己的语言水平来实现专业知识的传播,它还包括对专业知识和语言水平反思的认知维度,这是教学策划和教学实施的基础。

④教师的语言意识/知识还包括学生视角下的语言意识,主要是对学生中介语的意识,此种意识包括对学生中介语现状及其发展过程的赏识以及母语和英语语际差异与互动过程的意识。对学生和学生视角的意识还包括对教材语言内容难易程度的意识。

因此,教师的语言意识可以定义为"教师的专业知识、语言能力、学生中介语意识与明显的隐性和显性语法知识的总和,以及对这些能力和知识的反思和元认知能力"。

(二)教师语言意识与学科教学知识

教师语言意识与PCK紧密相关。PCK是"教师特有的一种职业素养,它把教学内容与学生现有的有关知识,以及如何运用列举、类比等方法来讲授教学内容紧密结合起来,采用多种方法帮助学生有效完成既定的教学任务"。

近年来的研究认为,PCK是一个囊括所有达成有效教学的知识基础,除了最为重要的学科知识和教学知识的关系以外,关于学生的知识、主题知识、主题信念、课程知识、教学信念以及语境知识等都混合在一起,共同成为专家型教师的知识基础。在语言教学中,教师的语言知识、学生的母语背景以及他们因此对英语形成的概念,再加上课堂里母语和英语交织在一起,多种因素相互冲突,甚至有人因此认为PCK的概念不适合英语教学,我们需要具有语言意识的教师来解决和处理这些冲突,通过分析PCK和上述关于教师语言意识的特征,通过模型说明了PCK和教师语言意识之间的关系。本模型表明,教师语言意识正好在语言水平和专业知识之间构建起一座桥梁,它既作为教学过程中对语言能力的一个反思维度,又是英语教师PCK的一个组成部分,并且与其他组成部分相互作用。"了解学生"是教师语言意识不可或缺的组成部分,而"专业认知"却说明了知识与信念相互之间的密切关系。

教师语言意识的概念用的是"意识(awareness)"一词,而不是"知识(knowledge)",其中的区别在于"拥有知识"和"对这些知识的运用",也就是所谓的陈述性和程序性维度。教师语言意识既包含陈述性维度,也包含程序性维度,其中陈述性维度是以专业知识(即对于语言系统的知识基础)为核心的。传统上关于语言意识的研究一直和语言教师培养紧密相连,使用"意识"一词也是为了强调拥有专业知识和运用专业知识(即意识)的不同。

(三)教师语言意识与教学理论

教学理论的分类归纳为三大类:语法教学法(Focus on Forms)、语言形式教学法(Focus on form)和意义教学法(Focus on meaning)。

语法教学法一直是国内外英语教学中长期采用的教学方法,这种方法把目标语分解成各种语言点,通过分门别类的教学,最终使学生掌握该语言的"全部"规则。语言形式教学法强调在课堂教学过程中关注意义与交际的同时,及时引导学生关注其中的语言要素,这些语言要素的教学并非是提前设定的,代表性的教学理论就是任务型教学法。意义教学法常常称作"自然教学法",其典型特征是所谓的"零介入",这类方法不涉及语法规则的教学,而完全依照学生母语发展的过程,其理念是如果允许学生"自然地"构建自己的中介语,那么课堂教学便会更加有效。

如果采用语法教学法,培养学生对于语言的显性知识,那么,无论是传统的"PPP(讲解—练习—使用)教学"模式,还是"意识提升"模式,或者是"输入强化"模式,只要是以语言本身为主线的教学大纲,教师语言意识必然会从备课到给出修正反馈的各个环节中起到至关重要的作用。

形式教学法的典型方法"任务型教学法"有"强式"和"弱式"之分,强式任务型教学中由学生自己习得语言形式,而教师很少介入;弱式任务型就需要教师在任务的前后根据学生在任务完成过程中的表现进行规则讲解。不论是"强式"任务型教学还是"弱式"任务型教学,都要求教师遴选恰当的学习"任务"、该任务的语言要求、学生的现有语言水平,更为重要的是,与语言相关的问题是在学生进行"任务"的过程中反映出来的,而不是预先计划和设定的,这就需要教师语言意识帮助教师判断是否需要介入、何时介入、如何有效介入。

如果课堂教学强调"零介入",教师语言意识的作用似乎不很明显。但是即使不考虑一个有效课堂的多种因素,按照克拉申的输入假设理论,教师也必须考虑如何营建一个富有输入的课堂环境,使课堂成为一个主要的可理解性输入的来源,因此他们也必须对学生现有的习得水平做出准确的判断,然后遴选能够提供可理解性输入的语料、设计恰当的挑战性任务,并把自己的课堂用语控制到稍高于学生现有的语言水平,这样才能保证习得的发生。这些任务要求教师具有很高的教师语言意识水平。

由此可以看出,不论采取何种教学模式或者教学理论,教师语言意识都是有效实施课堂教学的保证,构成了语言教师的知识和教学技能的基础。

(四)教师语言意识对教师行为的影响

近年来,关于教师语言意识对教师教学行为影响的研究业已产生了不少成果。教师语言意识弱会导致下列后果:教师不能够预见学生在学习中需要解决的问题,从而不能够有针对性地备课;不能够对教学大纲和教材进行解读并做出适应学生特殊需求的调整;不能够有效地处理语言错误或解答学生的疑问;整体上缺乏有效讲解语言现象的话语能力,从而失去学生的信任。

教师语言意识对教学过程多个方面的影响,包括备课过程;撰写、评估和修正教材;理解、解释和设计大纲;评价学生的学习表现;等等。他们认为缺乏语言意识主要表现在课堂教学层面:"例如教师不能够找出并弥补教材的不足,或者被学生的问题问倒",而且不论是母语还是英语教师,都会面临同样的问题。

教师语言意识在教师教学行为如何体现的问题上对语言教师培训者进行了调查,总结出教师语言意识在课堂层面上体现为:

①对于语法术语的知识;

②能够准确理解术语相关的概念;

③对交际过程中意义/语言的意识;

④反思语言和分析语言形式的能力;

⑤能够选择和划分语言层次,进行语法点的分解教学;

⑥能够从学生角度分析语法;

⑦能够从学生角度预见语法学习的难点;

⑧能够自信地临场回应学生关于语言的问题;

⑨能够独立思考应对语言问题;

⑩能够用简单的元语言解释语言问题;

⑪具有"语言正确性"的意识,并能够就语言用法的可接受性观点说明理由;

⑫具有对语言作用机理的敏感性/意识。

关于教师语言意识内涵的研究还有许多值得斟酌的地方,例如:如何界定"简单的元语言";"语法词汇的相互作用"只是局限于短语、句子和结构的层面,而完整的连贯语篇中形式与意义相互关系没有讨论;"简化程序"中教师应该如何控制自身的语言运用以满足教学的需求;教师语言意识是否还应该包括教师对口语语法特征的意识;等等。但是上述研究人员列举出来的特征均关注了提供"输入"(即学生学习需要的目标语案例)的过程中教师应具有的知识、意识和能力。虽然二语习得理论关于语言习得过程的观点不尽相同,但是必须为学生提供有效的输入这一语言习得的先决条件是所有研究人员一致的观点,即任何成功的语言教学均需要大量的目标语输入。因此,教师语言意识的意义就在于其对课堂环境下形成

♠ 多元背景下的英语语言交流与实践

有效的语言输入的方法产生的影响。

对于我国学生来说,英语学习主要在课堂里进行,这种情况下,语言输入主要有三个来源:教材、同学和教师本人共同提供了语言输出。学生可能从教材和同学那里直接获得目标语输入,但是来源于这两个方面的输入也可能经过教师的协调或者"重构"的影响。比如在使用教材的过程中,教师可能对教材中某些语法点的表达和练习进行适当的调整,或者在讲解阅读理解的时候要求学生关注某个语法点的课文意义和作用;同样,教师也可能对其他同学输出的语言进行隐性的修正、评价,并进而形成新的语言输入。

教师也是目标语输入的重要来源,其发生的方式可能是讲解新的语言点、运用课堂用语进行课堂管理或者布置课堂任务和作业等。对自己的语言可能成为目标语输入的意识会使教师仔细构建自己的言语,这也体现了教师语言意识的"过滤"作用。一堂课中,教师会输入大量未经有意识监控的目标语,这些言语都会形成"未经过滤的语言输入"。教师语言意识"过滤"无疑会影响到教师协调或者重构目标语输入的种种选择和决策,包括教材中的语言、同学输出的语言以及教师输出的语言。

(五)教师语言意识对教学过程的影响

比如在语法教学的备课、施教以及课后反思等所有环节中,教师的思维、行为和反应明显要依赖于其扎实的内隐语言系统知识储备,但是,教师的显性语法知识虽然是教师语言意识不可或缺的组成部分,却不能够完全保证所有教师都能以最利于教学的方式解决语法相关的问题。

另一个重要的语言因素就是教师的语言水平,它不仅影响到教师对语言的反思,同时它会直接影响到教师协调所有三个方面语言输入的语言结构准确性和语用的恰当性。这两个因素共同影响着教师的语言输出和协调另外两种输出的方式。第三个关键因素就是教师的学生意识和对学生中介语水平的意识。这三种因素与教师关于语法教学的信念、先前语法教学的经验等形成了教师的"职业因素",这些因素和教师对语境的认知、对语言的自信程度等共同对教师语言意识的教学实践构成巨大的影响。除了职业因素以外,态度因素也会受到环境因素诸如课程进度、时间压力等的影响。

上述各种影响因素对教师解决语言相关问题的主动性、对教学行为积极反思的能力以及反思的深度等都有很大影响。教师语言意识的程序性维度描述了各因素对教师语言意识的教学实践产生的主要影响。

教师的主要课堂任务是指导和促进学生的语言习得,而课堂各个环节的进展质量都会受到教师语言意识水平的影响。备课阶段教师语言意识的体现首先是能够确认语法点的关键特征,并使这些特征能够在语言输入材料里得到凸显。其次,教师要设立最恰当的教学目标,选择能够实现这些目标的教学材料和课堂任务,保证这些材料和任务适合学生的年龄、与先前学习内容的衔接、现有的语言发展水平,而且有助于取得预计的学习成果。

在备课的过程中,按照上述三种因素在教师语言意识实践中的作用,我们可以归纳出下列教师语言意识对备课的影响:

①环境因素方面:教师是否感觉有足够的时间备课、对教学内容是否具有足够的自由掌控力、是否认为学生积极配合课堂教学。

②态度因素方面:教师是否对语言相关的问题感兴趣,并认识到自己直接处理这些问题的重要性;教师对自己的显性语法知识和语言交际能力有信心;教师是否很自信地规划本节课的语言学习内容。

③职业因素方面:教师是否掌握扎实的显性与反知识、良好的交际语言能力,并且具有从学生的角度理解语言问题的意识;教师是否具有积极的语法教学经验。这些因素共同对教师课前能够反思语言问题具有很大的作用,影响着备课过程中选择教学要点、在输入材料中凸显这些要点,并使学习任务与学生水平和教学目标相一致。

同时,教师语言意识对教师在课堂上的一系列活动都产生了影响,如:协调输入的来源、在教学材料中凸显语言点、提供范例和反馈、监控学生和自身的语言输出、协助学生依据输入材料构建假设、控制输入材料中可能的混乱、不断反思所有输入协调工作对学生理解的影响等。认真地备课在一定程度上有助于教师应对这些教学挑战,但是在课堂上,许多挑战需要实时解决,也就是说,教师语言意识的程序性维度任务执行需要涉及很多个人素质,如想象力、洞察力、敏感度、反思力、快速反应能力、迅捷调用专业知识储备的能力、良好的个人交际语言能力以及长期的学生意识等。

课堂教学中,教师语言意识的影响力可以归纳为:

①教师是否在教材的语言内容和学生之间起到了桥梁的作用,能够突出语言点的特征;

②教师是否对正式的教学材料做到了"过滤",能够注意到并避免其中的误区;

③教师是否对自身的言语输出进行了"过滤",以保证其结构准确、用法恰当、表述清晰、适合学生水平并有助于学生进行概括;

④教师是否对学生的输出进行了"过滤",对各因素的协调能够站在学生的角度,而且准确、具体、明确;

⑤教师是否能够"实时过滤",及时应对课堂上语言方面的问题;

⑥教师是否能够运用元语言恰当、正确地支撑学生的学习。

二、教师语言意识与专业认知

(一)教师认知:教师信念与知识

所谓信念是指个人针对某一特定情境脉络下,对于事物的预设与行为的参照标准。个人往往参考此预设来决定行为与解读新经验,而且个人所持有的信念是多样化且有系统的。因此,教师信念可视为教师看待教学以及学习的观点,且教师会据此信念作为教学判断的标准。

影响教师信念形成的重要因素包括：自身的教学实践、观摩资深教师教学、曾经作为学生学习的经验及对上述经验的反思。

教师信念的形成过程是在不断地解决真实教学问题的过程中，将自己的实践以及观摩他人的心得透过原有的信念作为滤镜，解读后再整合的结果。针对这样的整合与内化的过程，教学对教师而言，是十分具有创造性与不确定性的活动，因此教师在教学过程中必须做出很多临场的决定。这样的决定并没有明确的外在标准可以依循，于是教师们便根据自己的实践经验内化出一套个人化的信念系统作为判断标准。教师通过实践经验形成信念要经过下列四个流程：环境的潜移默化、关键事件引发的反思、旧经验与现在情境的连接以及某一教学难题的解决。实践经验的确能帮助教师形成信念，但更重要的是经验所引发的对于现在问题的反思以及对旧经验的重新检视。

信念是长期积累而来的一种价值观，许多过去经验都可能是教师教学信念的源头。职前教师的教学信念来自三个方面，分别是：个人生活经验、进入教师教育课程之前的"学徒观察"受教经验以及教师教育的正式课程。教学信念与教学行为关系密切。教师思考与行为模式指出，教学信念与教学行为二者互相影响。大多数研究也都证实教学信念与教学行为具有一致性的联系。但是，另外也有一些研究发现，教师的教学信念与其教学行为之间会出现一些不一致的情形。

研究人员遇到的困难之一便是信念与知识之间的区别，虽然信念基于评估与判断，知识基于客观事实，但两者是紧密结合的：信念构成了陈述性知识和程序性知识的基础。一些研究人员已经注意到，信念、知识以及经验在教学实践过程中会发生密切的联系。

(二)教师语言意识与专业认知

近年来，教师思维研究的重点之一集中在专业知识以及专业知识与教学法之间的联系上。

学科认知在教师语言意识模型中处于核心位置，这些学科认知要素相互作用，影响第二语言教师对语法现象的处理。专业知识(或一定的专业知识)会在教师思维和决策过程中起到中心作用。但是，这些知识和使用知识的方法与一些相关的认知有密切联系，如教师对语法和语法教学法的个人感情(如兴趣和信心)对学生关于语法感情的感知；对语法在交流中的作用和在第二语言学习与课堂教学中重要性的理解；在课堂教学中选择语法处理方法的意识；对学习利益人群(如学校、学生、家长)关于语法、语法教学法期待的理解；以及教师个人对这些期待的反应。一系列的认知要素显然与PCK方面有更多的联系，如关于背景和课程的知识、教学法知识等。

人们认为，知识、信念、感情和理解是一个独立的实体：知识和信念是指认知反应(如事实性知识，对事实及其缘由的认识)，感情是指情感反应，而与内容相关的理解与这两种反应既有联系,又互相渗透,比如对环境和学习者因素的理解。研究表明,教师的课堂行为不一定反映他们所有的信念,尤其是在课上遇到突发状况产生的自然反应。但是,从逻辑上看似乎在教师认知和课堂上教师进行的活动和行为应该有某种联系。因此,为了理解教师的教学实践,有必要了解教师的信念、感情和理解,因为这些部分构成了教师的一种意识或多种意识,并说明了教师如何感受他们的专业世界。

教师对语法的感情、信念与理解和情境中的语法教学综合起来能够让他们考虑语法教学中什么是必需的、什么是可行的、什么是可取的。这些意识于是和教师在语法相关教学中采取的方法发生了联系,也和教师语言意识产生了关联。

第三节 教师语言意识课程的开发

教师语言意识主要研究语言教师发展的理论、实践活动,主要关注的内容是语言教师对目标语所掌握和应该掌握的知识及其与教学活动之间的结合与关系问题。在我国英语教学领域,教师语言意识的教育活动是指母语以外的其他语言,而在本研究中,是以我国的英语教学为研究背景,其中的理论基础是从语言学的基本理论出发,从语感、语言意识、语言的认知到语言教学的本质、现代英语教师教育的理论与实践等视角,说明现代英语教师教育的本质、需求、特征和特点。在相关英语教育、英语教师教育和英语教学的本质等理论探讨的前提下,集中对本研究的主题即教师语言意识,进行了理论与实践的研究和论证,从多个角度说明了教师语言意识的概念范畴、课堂实践意义和英语教师发展的初步宏观路径。本研究讨论了教师语言意识与教学实践、学生语言学习、教师专业认知、教学材料等重要教学要素之间的关系。

教师语言意识课程的设计和课程内容的规划应该从被培训教师在英语教学中所承担的三个角色出发,并以此作为设定课程模式和原则的基础,这三种角色分别是语言使用者、语言分析者和语言教师,三种角色分别代表相互关联的三种能力。语言使用者的角色主要是指教师的语言水平,它决定着教师在多大程度上能够成为学生学习的语言范例;语言分析者的角色主要是指教师对语言系统知识的储备以及他们对目标语工作机制的理解能力;而语言教师的角色则要求教师熟悉一整套英语教学的程序,掌握英语教学法的理论知识,并且就如何贯彻和运用这一套程序能够作出恰当、合理的决策。其中的第二种角色,即语言分析者角色,要求教师运用语言学知识对语言进行显性的学习,这一角色可以说在英语教师培训课程中起着承前启后的作用,它既促进被培训教师"语言使用者"角色的实现,同时又为他们"语言教师"的角色提供教学方法方面的训练,换言之,"关于语言的知识是一种'促成性知识'"。

根据这种思路,本科师范英语专业学生的课程设计中的课程重点应该从英语水平提高

♠ **多元背景下的英语语言交流与实践**

进入应用语言学的学习,进而过渡到教学的方法学习,即首先应该成为成熟的英语使用者,然后要能够分析英语语言,再进入教师职业的培训。而对于在职英语教师而言,由于他们许多人已经经历过一次"使用者—分析者—教师"的培养过程,但是现在我国的在职英语教师的学历和来源较为复杂,因此在职英语教师语言意识培训课程设计的情形就产生了多样化的需求。

在具体的课堂活动中,被培训者需要以这三种角色能力为目标,不断发展这三种能力;在该模型的框架内应该设计不同类型的练习活动来突出某种角色能力的训练。他们特别指出,语言意识是在职教师专业能力不断发展中不可或缺的部分,也是语言教学课堂中知识转移的关键。

但是,在职学员已有的课堂经验也可能造成语言意识活动的设计该从哪一点出发的问题。为了从语言和教学法的视角探讨这个问题,并在策划下一步的课堂活动前对语言的某个方面有更为深刻的领悟,学员需要回顾并分析先前的课堂经验。在这个过程中,培训者应该起到一种催化的作用:"提供一个安全的培训学习环境,使学员保持注意力集中、仔细听讲并做出恰当反应、适时提出问题,同时还有保证提供必要的学习资源,布置相应的作业,提出作业具体要求和提交期限。"

教师语言意识教育的课程设计要考虑以下三大原则:

①学员会根据自身多年的学生经历或教学经历形成许多关于教学的思想观念,并带入培训课程中,这些关于教学的预设理解需要在培训中进行充分的探讨,不然的话,对新概念和新信息可能产生误解,甚至只接纳能够提高学生考试成绩或被评价的那部分内容。

②要让学员展示他们已有的知识,这样会有助于他们形成系统的理解和技能、有助于形成有效教学行为,也就是说,要有助于他们形成较为扎实的理论和实践基础,并在一定的概念框架中去理解语言事实和有关思路。

③语言教学本身是一个极为复杂且具有挑战性的任务。要想使学员具备最终成为专家型教师的能力,必须要求他们发展反思的能力或者元认知的能力。具有高度元认知语言意识的教师会不断评估自己的教学行为,并按需修正自己的行为和假设。

在这三个原则的指导下,结合教师语言意识的理论和实践观察,教师语言意识课程应做到:

①收集整理有代表性的语言数据;

②提供充分的讨论空间;

③使学员的学术和情感反应与语言意识问题结合起来;

④保证充足的课内外讨论、学习和反思的时间;

⑤从学员最初的反应入手,逐步深入;

⑥学员要掌握元语言的使用;

⑦随时提供"专家式"的输入;

⑧使学员能够将培训内容和课堂实践紧密结合。

一般来说,培训课堂中的时间是非常有限的,加上课堂语言意识活动本身需要大量的时间,因此不能完全依赖培训课堂进行合作和集体的反思与讨论,应该帮助学员成立非正式讨论小组或者利用现代技术进行有效的合作讨论,如微信群、QQ 群等。

第四节　多元文化下英语教师专业的发展

一、多元文化下英语教师专业素养

教师的专业知识及技能直接影响教学效果的优劣。要提高大学英语的教学成效,首先必须促进大学英语教师专业素养的发展。

(一)展望世界,培育多元文化教师专业意识

当今文化的多样性、差异性和跨文化交际的多元性要求大学英语教师具备多元文化意识。大学英语教师如若仅仅具备英语语言和语法知识,则可能无法敏锐地捕捉语言背后的文化、语法背后的规则、文化背后的故事。因此,大学英语教师需在文化背景中解读语言和在语言教学中融合多元文化。

大学英语教师应展望世界。在当今的国际化趋势下,英语教师需要突破传统文化意识的藩篱,放眼世界、着眼全球,自觉培育多元文化的专业意识。要自觉阅读优秀的英语文学作品,特别是原著经典作品。通过广泛阅读培育多元文化意识,提高多元文化的敏锐性和自觉性。此外,要自觉接纳、包容外来文化,做到洋为中用。新时代的大学英语教师应该是一个放眼全球、海纳百川的现代教育工作者。

(二)积极学习,丰富多元文化教师专业知识

随着多元文化的日益兴盛,大学英语教师在坚守本土文化的同时,需要具备多元文化知识。只有具备多元文化知识的人,才能提升自身英语教学的魅力和竞争力。多元文化是时代发展的必然产物,大学英语教师应通过积极学习、不断进修等方式,掌握丰富的相关知识,以获得更多的话语权。教师只有用丰富的多元文化知识武装头脑,才能更好地武装学生的头脑;只有具备多元文化的教师,才可能培养出具备多元文化素质的未来工作者。因此,大学英语教师应在实际工作中积极弥补自身因文化差异所带来的文化素养缺陷,做到了解英语背后的文化、理解文化背后的英语。

多元文化教育是一场深刻变革,沉浸在多元文化环境中的教师,需要具备丰富的多元文化知识,"英语是文化的载体,教师要教好英语课,就需要掌握多元的文化知识",包括英语国家和非英语国家的人文地理、时事历史、民族文明和风土人情等。多元文化知识在学生和教

师的人际交往关系中起着关键的作用。只有具备多元文化视野的人,才能更好地适应多元文化社会。掌握多元文化知识的大学英语教师,才能自然而然地将之渗透在其教学实践中,使学生受到耳濡目染的影响。在当今文化多元的时代,教师应是外来文化的理解者、本土文化的传授者、多元文化教育环境的创设者和行动者。

(三)加强科研,提高多元文化教师专业能力

跨文化交际能力和对异文化的敏感意识成为当代人必备的基本技能。高校英语教师应加强科学研究,通过科研提高多元文化的专业能力。"教而不研则浅,研而不教则空"。在教学过程中,如果不进行理论研究、不参加实践研究,教学活动会止于肤浅层面;反之,如果仅有理论与实践研究而脱离实际教学活动,则科研缺少基础与根基。高校英语教师必须积极参与相关科研活动以提高多元文化的专业能力。在科研中,研究者通过文化的视角,开展实践、反思教学,在反思中不断调整教学方式方法,在实践中发现问题,并针对问题形成解决问题的方案,最后应用于教学实践中。教学与科研相辅相成,相互促进。教师可以通过参加校本研究和教学公开课等活动,投身科研活动;学校应鼓励英语教师积极参与相关研究。基于多元文化的科研与实践,将成为英语教师专业成长的新平台,促使我国大学英语教师走向国际化。

(四)大胆反思,促进多元文化教师专业创新

创新源于反思。因此,我国大学英语教师要大胆反思、大胆质疑,促进多元文化的专业创新。在多元文化专业成长过程中,教师要大胆质疑传统文化下的各种教学问题,质疑多元文化视野下的各种文化冲突,在问题与冲突中寻找教学突破与专业创新。大学英语教师只有通过反思才可能发现自身教学的不足与问题,才可能发现自身在多元文化专业领域的局限性。教师应把英语教学理解为一门应用教学,培养学生的综合英语应用能力,包括英语的听、说、读、写能力,改变传统的"聋哑"英语教学现象,提高学生英语交际与实际应用能力。高校要鼓励教师大胆质疑,培养教师通过质疑产生批判意识与创新思维。英语语言知识和不同文化信息的输入,导致英语教学与师生关系产生新问题,教师应本着质疑精神,认真思考新时期出现的新问题,寻找多元文化的创新解决策略。

二、多元文化下英语教师角色定位

(一)教师是学生的关怀者

关怀是人的一种基本能力,在人与人相互交往时能转换成一种行为模式。关怀在教育环境中不一定是可见的,但它能指导学校和教学中的交往与组织。教师有责任去关怀来自不同文化和语言背景的所有学生,应致力于创设一个体现社会公平的教育制度,将学生的学业、情感及社会需要置于教学的中心。多元文化教育中的教师应从关怀者出发,对不同民族社会来的学生有着毫无偏见的期望,使学生得到心灵上的温暖,在教师给予期望时能孕育成

功的最大可能,同时学生在教师的关怀中也能成为一个会关怀他人的人,能更好地促进自身融入或者接受不同的文化社会。教师成为关怀者首先要学会倾听学生心声,才能了解学生的状态,明晰了解学生需要怎样的关怀,建立与学生的信任关系。教师应以一种倾听的心态来了解学生,通过个人故事的讲述、家访、电话、书信等方式关怀学生,使学生体验到教师的关怀。教师的关怀激发了学生,使他们能够对自己的前途和发展充满自信。如果不基于倾听,那么教师与学生间的各方面差异会使教师在一些方面错误理解学生的意思,不能施行正确的关怀。因此,教师只有反省自己的关怀是否有偏向,才能客观地评价每一个学生。在进行关怀时,教师要注意倾听学生的欲望和需求,倾听学生的思想情感,倾听学生与他人之间的关系。只有建立在倾听基础上的关怀才能达到最大的效应,才能让学生相信教师给予的关怀是发自内心的。教师将自己对学生的关怀实实在在地落实于自己的每一句话、每一个思想、每一个行为上,才能让学生体会到教师给予的充分尊重。由此,学生能更容易接受关怀并把蕴含其中的期望当作自己行动的动力。

(二)教师是多元文化的驾驭者

教师驾驭多元文化知识的能力直接影响到课程实施的好坏,直接影响到学生的学习情况。多元文化教师应具备多元文化教育观。随着世界的变小,面对文化矛盾,增进各种文化之间的相互理解就至关重要,还要形成反种族主义、性别偏见和一切形式的歧视观。需要强调的是,必须破除与性别、民族、民族群体相关的成见,强调人类的基本相近性。在教学中教师要充分认识到这一点的价值,并建立起道德思考的技能。人们认为,教师应"审慎地选择教材,消除有种族歧视、偏见等内容的教材","选择课外书籍或视听材料补充教材的不足,增强学生对其他族群的认识","尽量选择观点一致的教材,而避免选用一些有冲突认识的材料","避免在概念内容教学活动中渗入偏见的成分"。同时,不同群体的学生的文化背景中可能具有不同的语言,因而教师应该根据学生的语言特色,能够具备双语转换的技能,这样不仅有利于教师与学生间的交流,也有利于保存少数民族珍贵的语言财富。

(三)教师是本土知识的传授者

教师不仅仅对其他族群文化要有相当的了解,教师也应该是本土知识的专家,对本土文化中所蕴含的文化特色、价值观和思维、行为方式等要有深刻的认识,作为知识的引导者和文化的传承者,教师有责任以一个真诚的面孔面对学生,将自己的本土文化知识融入课堂教学中,与学生进行平等的交流,可以为课堂教学提供更大的空间,同时有利于构建良好的师生关系。教师应该比其他人更敏锐地感觉到本土知识的存在,更重视保存、保护和发展本土知识的价值,并且懂得如何去发掘和研究学校所处社区的本土知识。在教学过程中,教师应该尊重学生在本土社会中获得的知识,而不是否定和贬抑本土知识的价值。教师可以引导学生比较本土知识和书本科学知识这两种知识体系。理解它们与各自赖以生存的本土社会境域之间的内在关联,培养学生成为能够将各种知识和认识论融为一体,从而创造出新的认识方式和知识体系的人。

（四）教师是多元文化教学环境的创建者

学校与教室的文化环境也可能形成学生的学习障碍。学校作为一种社会化机构，其目标、功能、课程、管理等属于主流文化，如果教师忽略了少数民族的文化，或不知如何塑造多元文化的教育教学环境，则少数学生往往会在"家庭—社区"与"学校"之间的文化断层中找不到平衡点，产生适应困难。所以教师要致力于创设多元文化的教育环境。首先，教师要建立与学生的信任关系。师生间的人际关系是影响学生成绩的主要原因之一，文化间的差异和教师的偏见易造成相互间的误解和隔阂。一旦这种疏离的关系形成，将对弱势群体学生的自我观念产生负面影响，使学生感到孤立和受到挫折。其次，要营造一种积极的家庭式的氛围。教师要致力于提供关怀和尊重的教育环境，以确保学生的家庭语言和文化。教师要充分理解学生的文化背景，不断寻找相关信息，将其自然地整合到教学氛围和课程中。教师只有是一个多元文化者，才能了解学生所处的文化环境，理解学生的文化价值观。教师只有从多种视角来理解文化，才能提供适合每一个学生的教学策略、动机模式和内容。

三、多元文化下英语教师角色完善

多元文化下，英语教师角色发生了变化。如何完善教师角色是多元文化教育的重要任务。这不仅是政府的职责，还需要学校的努力，更要求教师个人不懈的追求。

（一）政府的职责

政府作为主流文化的倡导者、文化建设的主导力量，加强文化建设，推动文化事业发展成为政府的不二职责。面对文化多元化趋势，政府应该发挥主导作用，制定相应政策，在发展主流文化的同时承认文化的差异性，不歧视异域文化、民族文化特别是少数民族文化等，构建理解和信任的文化氛围，采取宽容、平等和对话的方式促进文化事业发展。通过政策的推动，方能培养出具有多元文化视野的肩负着传承、研究和创造文化使命的教师。教师也只有在政策的保障下提升素质，提高专业化水平，切实履行职责。为此，世界各国非常重视文化建设，各自依据国情制定出相应的文化政策。

推动文化发展历来是我国政府矢志不渝的追求，我国"始终把文化建设放在党和国家全局工作重要战略地位"，目标之一是"以民族文化为主体、吸收外来有益文化、推动中华文化走向世界、促使文化开放格局进一步完善"，同时要"积极吸收借鉴国外优秀文化成果"，而且要求"全面贯彻'双百'方针"；充分承认多元文化的存在和意义，并通过平等开放的心态鼓励"百家争鸣"，志在融入世界多样文化之中；追求"高素质文化人才队伍发展壮大，文化繁荣发展的人才保障更加有力"的目标，强调"推动社会主义文化大发展大繁荣，队伍是基础，人才是关键"，而且要"造就高层次领军人物和高素质文化人才队伍"和"加强基层文化人才队伍建设"，足见政府对文化队伍建设的重视。这为教师在多元文化教育中的角色完善提供了政策和制度保障,为其践行角色职责创造了有利空间,为其发挥角色职能搭建了强有力的平台。

(二)学校的努力

学校教育是由专职人员和专门机构承担的有目的、有计划、有组织、系统的,以促进受教育者的身心发展的教育活动。教师是学校教育的第一资源,离开教师或者缺乏优秀教师的学校难以肩负起培养人才的重任。为了培养高素质的教师,更新观念、营造氛围、完善制度是学校应当做出的不懈努力。

学校要不断更新观念,树立教师是第一资源的理念。虽则教师历来被认为是学校教育基本三要素之一,但是长期以来许多学校决策者深受工具理性主义思想的影响,把教师当成实现教育目的的工具,功利性地一味追求教育效率和成果,不理会教师的情感和自我实现的需要,漠视教师的精神追求。如此便导致教师陷入盲目竞争之中,疲于应付各项指标任务,淡化了教师应有的角色职责,最终消弭了教育应有之义。改变功利观念,树立以人为本的理念,把教师当作学校发展的第一资源,关心教师成长,满足其精神需求,是促进教师角色完善的第一步。

学校文化氛围于无形间影响教师意识,潜移默化地影响教师的行为,其力量虽难以量化描述,却极其强大。但是,部分学校忽视校园文化建设,以应试为导向,让学校成为一个偏执的竞争场所,教师职责难以有效履行,致使教育失去其本真。为改变此种状况,学校重视文化建设,积极营造平等、和谐、民主的文化氛围,让日日身处其间的教师得到平等的对待,受到应有的尊重,享有自由表达的权利,促其逐步完善其应有之角色。

制度是要求学校内部人员必须共同遵守的规章或准则。制度具有指导性、程序性、规范性、约束性,同时具有鞭策性和激励性。学校制度规定教师的权利和义务,指导教师履行职责,规范和约束教师行为,激励教师发展。可见,制度建设是完善角色的重要保障。学校必须完善各项制度,特别是教师培训制度、评价制度、奖励制度。而且要加强制度的执行,让教师有章可循,有法可依,权益得到保护。

(三)教师的追求

教师角色完善的最终落脚在教师个体身上。作为个体,每位教师要追求卓越,树立角色意识,充分理解多元文化中教师角色的多样性,加强学习,主动实践,提升素质。

教师角色意识是指教师对自身角色地位、角色行为规范及角色扮演的认识、理解与体验,不仅包括动态的教师对角色进行认识、理解的过程,也包括静态的教师对角色认识、理解的结果。树立角色意识是自觉完善角色的先导,角色意识影响着教师的教育行为,对教师角色成熟具有重要价值。明白角色地位和相应的角色行为规范,可以引导教师理解多元文化中教师角色多样性的自觉,使其主动在多元文化的语境中审视自身,要求自己,规范行为,同时养成自觉学习和主动实践的习惯。

♠ 多元背景下的英语语言交流与实践

学习是教师提升专业化水平和走向角色成熟的必由之路。教师学习主要指在一定人为努力或外部干预下的教师专业知识、能力的生长变化。因此,教师应该在政府、学校政策和制度的保障下,加强学科专业知识、教育教学知识、人文知识的学习。不单单向书本学习,还要向同行学习,更要在实践中学习;不但学习书本知识,更要学习实践性知识,积累经验,提升专业能力。

教学实践是教师角色实现的途径,同时又是教师成长的途径。在实践中教师的理论知识才能发挥作用,得到检验。教师的实践知识、个人知识通过教学实践才能获得,教师的教育教学能力在实践中得到发展,教师的智慧在实践中得以养成。可见,实践既是目的,也是手段。多元文化境遇中的教师要敢于实践,善于实践,勤于实践,在实践中完善角色,在实践中增长智慧。

无论政府、学校还是教师个人在完善多元文化教师角色的使命中发挥着不同的作用,三者缺一不可。政府是大政方针的制定者,是有力的保障;学校是政策的实施者,是具体制度的保障者;教师是角色完善的具体体现者。三者形成合力,承认多元文化,理解多元文化,吸纳多元文化,发展多元文化,实施多元文化教育,才能使教师真正成为多元文化的理解者、本土文化的传承者、多元文化的研究者、创造者和教育公平的实施者。

参考文献

[1]肖婷.多元文化与英语教学[M].天津市:天津科学技术出版社,2017.05.

[2]孙常丽,王红香,刘纯.大学英语多元互动教学模式研究[M].北京/西安:世界图书出版公司,2017.10.

[3]何继红,黄立鹤.一体化与多元化的英语教育[M].上海:同济大学出版社,2017.04.

[4]高苗.多元视角下的英语翻译教学研究[M].北京:九州出版社,2017.10.

[5]周晓娴.多元化文化理念与当代英语教学策略研究[M].天津:天津科学技术出版社,2017.03.

[6]王亚非.现代大学英语教学改革的多元视角探索[M].北京:九州出版社,2017.10.

[7]赵婴,孙森,林立.英语语言教学读本[M].北京:首都师范大学出版社,2018.11.

[8]郭晓英,郭晨霞.英语写作多元动态评价研究[M].北京:中国社会科学出版社,2017.08.

[9]崔淑娟,吕波,王明祥.高校英语语言实践活动创新策略[M].延吉:延边大学出版社,2019.05.

[10]董盈溪.多元视野下的高职英语教育研究[M].长春:吉林大学出版社,2017.08.

[11]李畅.多元文化视角下英语教学探究[M].北京:中国国际广播出版社,2017.

[12]朱佩兰,刘菲.英语教育与文化融合[M].北京:北京工业大学出版社,2017.11.

[13]夏鹏铮.英语教学语言艺术[M].长春:吉林大学出版社,2017.01.

[14]马予华,陈梅影,林桂红.英语翻译与文化交融[M].长春:吉林人民出版社,2017.08.

[15]戴炜栋,何兆熊.新编简明英语语言学教程[M].上海:上海外语教育出版社,2018.05.

[16]冯小巍.现代英语语言学多维探索与研究[M].北京:新华出版社,2018.04.

[17]潘超.认知视角下英语语言学与应用语言学研究[M].北京:北京工业大学出版社,2018.12.

[18]祁晶.商务英语语言与文化探析[M].北京:中国书籍出版社,2018.05.

[19]周萍.当代商务英语语言与翻译多维视角研究[M].北京:北京工业大学出版社,2018.12.

[20]户晓娟.语言文化视域下的英语教学研究[M].北京:北京工业大学出版社,2018.12.

[21]张秀萍.认知语言学理论视角下英语教学新向度研究[M].北京:中国商务出版社,2018.05.

[22]王晓丹.认知语言学视角下视障学生英语多义词习得研究[M].天津:天津大学出版社,

2018.11.

[23]曹丹,阿拉坦.英语语言学[M].北京:中国纺织出版社,2018.11.

[24]李雯.英语语言学微观研究[M].北京:中国水利水电出版社,2018.09.

[25]曹慧书,李兴,王飒.英语语言学理论与发展探究[M].北京:中国纺织出版社,2018.01.

[26]张丽亚.现代英语语言学研究[M].长春:吉林人民出版社,2019.09.

[27]张晶薇,蔡丽华,赵晴.简明英语语言学理论与实践[M].沈阳:辽宁大学出版社,2019.07.

[28]刘曦.基于多维视角的英语语言学理论探索与应用[M].北京:新华出版社,2019.02.

[29]田昆,戴文婧.现代英语语言学基础理论的多维分析及发展研究[M].北京:中国大地出版社,2019.08.

[30]郭月琴.现代英语语言学的多维分析及其发展研究[M].北京:中国大地出版社,2019.07.

[31]王悦.商务英语语言特征与翻译研究[M].天津:天津科学技术出版社,2019.02.

[32]冯华,李翠,罗果.英语语言学与教学方法研究[M].长春:吉林人民出版社,2019.07.

[33]丁水芳.商务英语语言与翻译教学研究[M].北京:北京工业大学出版社,2019.11.